L'ASSISTANCE DES INDIGENTS
A DOMICILE

LES ŒUVRES D'INITIATIVE PRIVÉE
LE DISPENSAIRE GÉNÉRAL DE LYON

ÉTUDE

PAR

J.-C.-Paul ROUGIER

Avocat.

Professeur à la Faculté de Droit de Lyon.

(Extrait des Mémoires de l'Académie des Sciences, Belles-Lettres et Arts de Lyon).

PARIS

GUILLAUMIN et Cⁱᵉ, ÉDITEURS

De la Collection des principaux Économistes, du Journal des Économistes.
du Dictionnaire de l'Économie politique,
du Dictionnaire universel du Commerce et de la Navigation, etc.

14, RUE RICHELIEU, 14

1888

LYON, ASSOCIATION TYPOGRAPHIQUE

F. PLAN, rue de la Barre, 12.

L'ASSISTANCE DES INDIGENTS

A DOMICILE

LES ŒUVRES D'INITIATIVE PRIVÉE

LE DISPENSAIRE GÉNÉRAL DE LYON

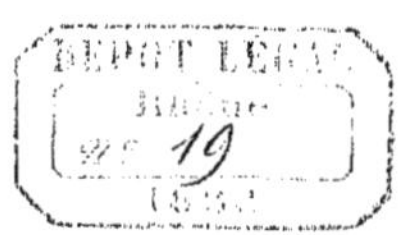

ÉTUDE

PAR

J.-C.-PAUL ROUGIER

Avocat.

Professeur à la Faculté de Droit de Lyon.

(Extrait des Mémoires de l'Académie des Sciences, Belles-Lettres et Arts de Lyon).

PARIS

GUILLAUMIN et Cie, ÉDITEURS

De la Collection des principaux Économistes, du Journal des Économistes,
du Dictionnaire de l'Économie politique,
du Dictionnaire universel du Commerce et de la Navigation, etc.

14, RUE RICHELIEU, 14

1888

L'ASSISTANCE DES INDIGENTS

A DOMICILE

LES ŒUVRES D'INITIATIVE PRIVÉE

LE DISPENSAIRE GÉNÉRAL DE LYON

Sommaire. — I. Intérêt du problème de l'assistance des indigents à domicile. — Son importance, appréciée par quelques esprits, est en général trop méconnue. — Le développement des Sociétés de secours mutuels laisse encore un vaste champ à l'assistance médicale des indigents. — De l'assistance par le Bureau de bienfaisance. — Sa réorganisation récente à Lyon. — Ancienneté de l'assistance due à l'initiative privée.

II. Fondation du Dispensaire général de Lyon en 1818. — Comptes rendus de l'Œuvre publiés en 1824, 1828, 1832. — Son organisation. — Ses résultats immédiats. — Sa reconnaissance en 1833 comme établissement d'utilité publique.

III. Sa situation en 1848. — Compte rendu de M. Ant. Mollière, président.

IV. Compte rendu décennal de M. Goiran, en 1879. — Extension nouvelle de l'Œuvre. — Première acquisition d'un immeuble. — Présidence de MM. Chartron et P. Bié. — Compte rendu en 1870. — Discours de MM. Royé-Belliard et Teissier sur l'historique et les bienfaits de l'assistance médicale à domicile. — Parallèle avec l'assistance hospitalière.

V. Concours du Dispensaire en 1870 aux soins donnés dans les ambulances. — Subvention municipale augmentée en 1872. — Abus existants alors dans l'œuvre municipale du Bureau de bienfaisance. — Réformes proposées : Système des polycliniques allemandes.

VI. Projet de transfert au Dispensaire du service médico-pharmaceutique du Bureau de bienfaisance. — Rapports de M. le docteur Gérard et de M. Verne de Bachelard. — Controverse entre MM. les docteurs Diday et Crolas. — Autonomie préférée des deux institutions. — Opinion de M. Chabrières-Arlès et de MM. les docteurs de Polinière et L. Gubian, favorable à la concentration des secours médicaux.

VII. Suppression de la subvention municipale du Dispensaire en 1875. — Il devient exclusivement une œuvre d'assistance privée. — Rapport par M. P. Bié, en 1876. — Libéralités nouvelles. — Acquisition d'un deuxième immeuble. — Conflit momentané avec l'administration préfectorale.

VIII. Situation du Dispensaire de 1880 à 1887. — Répartition du service médical entre onze circonscriptions territoriales et onze médecins titulaires. — Question de la nomination des médecins par le concours ou sur titres.

I

L'assistance hospitalière qui tient un rang si élevé dans les institutions lyonnaises a eu ses historiens. Ce qu'ont pu en écrire naguère les docteurs de Polinière, Monfalcon, Pointe, Rougier, sera sans doute complété par quelque membre autorisé du corps médical que tentera la tâche intéressante de retracer les progrès réalisés dans nos hôpitaux depuis quarante ans par le zèle éclairé de leurs administrateurs et la science et le dévouement de leurs médecins et de leurs chirurgiens.

Il y aura là de belles pages à ajouter aux annales de la bienfaisance lyonnaise.

Plus effacée, mais non moins utile, l'assistance à domicile n'a pas appelé sur elle l'attention publique avec autant d'éclat.

Se prêtant moins que la pratique médicale hospitalière au développement de la science, aux brillants succès de la chimie, les soins médicaux donnés aux indigents dans leurs demeures sont obscurs, à peine connus, trop peu appréciés. Ils n'exigent cependant ni moins de dévouement, ni moins de savoir que les services hospitaliers, ils sont souvent plus difficiles à administrer et peut-être plus méritoires.

Malheureusement aussi, les bienfaiteurs dont les grandes libéralités vont dans notre ville, de génération en génération, grossir sous différentes formes le patrimoine des pauvres, ne connaissent pas assez les besoins de l'assistance médicale à domicile et la manière dont elle s'exerce.

On a cependant plus d'une fois, dans le corps médical et autre part, proclamé l'urgence d'assister l'indigent chez lui, dans sa famille, au milieu des siens, et il se fait en ce moment à Paris une campagne en faveur des œuvres connues sous le nom de *Dispensaire*.

L'Académie de Lyon mettait déjà la question au concours en 1820, et couronnait l'année suivante les travaux de MM. Orcel et de Polinière. Plus tard, en 1867, la Société de médecine de Lyon provoquait une étude comparative *de l'assistance hospitalière et de l'assistance à domicile dans les grandes villes,* et les deux mémoires qu'elle a récompensés de MM. Bourland-Lusterbourg et Garnier ont nettement établi dans quels cas très nombreux, aux différents âges, et pour le grand intérêt des malades indigents, les secours médicaux qu'on leur donne chez eux sont le plus efficaces et doivent être encouragés.

L'assistance médicale à domicile en maintes circonstances a trouvé aussi des défenseurs très éloquents et très autorisés, devant la Société d'économie politique de Lyon, en la personne de MM. les docteurs Teissier, Rodet, Delore, et de MM. Chabrières-Arlès, président du Bureau de bienfaisance, et Sabran, président de la Commission administrative des Hospices.

En principe, sa cause est donc gagnée ; et parmi les personnes compétentes qui s'intéressent au sort des indigents, il n'en est pas qui ne soient convaincues que, dans bon nombre de cas, le traitement sous le toit domestique ne soit préférable au traitement sous le toit hospitalier.

Mais encore faut-il que le secours à domicile soit organisé dans des conditions méthodiques, suivant des règles sanctionnées par l'expérience. Ce problème nous a toujours paru d'un intérêt capital dans une ville comme la nôtre où le travail ouvrier tient une si grande place dans la population.

Il peut même prendre une proportion considérable si on envisage tous les maux que l'assistance à domicile est appelée à soulager ; ce n'est pas seulement alors la maladie, c'est l'indigence avec tout son cortège de souffrances.

Nous ne voulons pas étudier ici une à une les causes de la misère. Il en est d'absolument fortuites.

La maladie, les fléaux épidémiques, les accidents, les infirmités, le décès prématuré des chefs de famille, les chômages sont autant de sinistres échappant plus ou moins aux prévisions des hommes les plus laborieux, les plus prudents, les plus sages.

Il y a aussi les causes de ruine et de souffrances matérielles et morales imputables aux gouvernements, puis les crises politiques, commerciales, industrielles, se rattachant à des faits généraux, parfois même étrangers au pays qui en subit le contre-coup.

Devant tant de détresses dont l'individu est irresponsable qui sévissent particulièrement sur les populations dont le travail quotidien est l'unique ressource, la bienfaisance aura toujours, quels que soient les moyens préventifs de l'épargne et de la prévoyance, un rôle considérable.

Il y a en dernier lieu les causes de misère imputables à celui même qui souffre, ou au chef de la famille indigente.

Quelle réforme profonde il faudrait accomplir dans les mœurs pour atténuer, sinon pour faire disparaître l'imprévoyance, l'inertie, la dissipation, l'intempérance, la débauche !

Et que de retour sur eux-mêmes, ne serait-on pas en droit d'exiger, en premier lieu, de ceux qui détiennent la fortune ou le pouvoir, c'est-à-dire qui, par leur situation sociale, leur autorité, leur exemple, exercent, bonne ou mauvaise, une influence si décisive sur les mœurs populaires !

Quelles que soient donc les origines de la misère et encore bien qu'on puisse trop souvent les imputer directement à ceux qui souffrent, le devoir de l'assistance publique et privée s'impose. Et comme le premier des biens matériels est la santé, d'où dépend le travail source de tout moyen d'existence, le soulagement du malade indigent est le point culminant du problème.

Hâtons-nous de dire qu'en cette matière la prévoyance a un champ immense et qu'il lui est possible de restreindre beaucoup celui de la bienfaisance pure.

On ne saurait méconnaître, et il n'est que juste de rappeler les bienfaits des Sociétés de secours mutuels. Leur action sur l'amélioration du sort de ceux qui travaillent est incontestable, et elle s'accroît sans cesse dans notre région. Si nous jetons un coup d'œil rapide sur leur état actuel, nous voyons que, au nombre de 321 au 1er janvier 1885, dans le département du Rhône, elles ne comprenaient pas moins à cette date de 54,824 membres participants et 7,976 membres honoraires, ensemble 62,800 membres (1).

(1) *Rapport sur les Sociétés de secours mutuels, présenté en 1886 à M. le Président de la République, par M. Sarrien, ministre de l'intérieur.* Paris, 1886, Imp. nationale, p. 9 et 25.

Nous remarquons encore dans ce document qu'en 1884, sur les 54,824 membres participants formant le contingent des Sociétés du département du Rhône, 8,194 malades ont reçu des soins, soit 7,121 pour

Sans nous étendre sur ce sujet qui à lui seul donnerait lieu à une longue étude, il suffit de constater que, grâce à la prévoyance des Sociétés de secours mutuels, l'assistance à domicile la plus large (soins médicaux, remèdes, indemnités pécuniaires) est assurée à une portion notable de la population laborieuse.

L'action de la bienfaisance publique ou privée est ainsi diminuée d'autant, et il y a lieu de s'en applaudir, mais leur domaine reste encore assez vaste.

Pour en mesurer l'étendue et apprécier leur action, il faudrait spécialement étudier l'assistance médicale à domicile donnée à Lyon par les Bureaux de bienfaisance et celle que fournissent les Œuvres d'initiative privée.

L'assistance publique confiée aux Bureaux de bienfaisance a fait, il y a quelques années, dans une séance de la Société d'économie politique, l'objet d'un rapport magistral présenté par M. Chabrières-Arlès, qui indiqua les améliorations dont ce service était susceptible, l'emprunt qui pouvait être fait à nos voisins d'outre-Rhin du mode de distribution des secours connu sous le nom de système d'Elberfeld.

des maladies ou infirmités temporaires, et 1,073 pour des affections ou infirmités incurables.

En voici le détail :

Sociétaires secourus pour maladies ou infirmités temporaires :

Sociétés *approuvées* :	Hommes	5.294	6.524
	Femmes.	1.230	
Sociétés simplement *autorisées* :	Hommes	533	597
	Femmes.	64	
			7.121

Infirmes et malades incurables :

Sociétés *approuvées* :	Hommes	928	974
	Femmes.	46	
Sociétés *autorisées* : Hommes		99 :	99
	Ensemble.		8.194

M. Chabrières-Arlès concluait relativement à l'assistance médicale, à ce que l'Administration municipale s'en remît tout simplement à l'Œuvre d'initiative privée qui existe depuis 1818 dans notre ville sous le nom de Dispensaire général.

Ces *desiderata* ne furent pas suivis par l'Administration ; mais ils lui inspirèrent une réforme, et depuis trois ans elle a reconstitué l'assistance à domicile sur de nouvelles bases en s'inspirant de l'organisation du Dispensaire général, pour le service médical.

Une étude de l'Œuvre municipale ainsi transformée serait peut-être prématurée. L'expérience n'en a pas suffisamment manifesté les avantages ou les défauts.

Au contraire, l'assistance à domicile, pratiquée depuis si longtemps par l'initiative privée et qui a pu servir de modèle à l'initiative officielle, se recommande à l'attention ; c'est l'étude que nous allons entreprendre.

II

L'Œuvre du Dispensaire général, fondée en 1818, commença à fonctionner le 1er août de cette année.

L'idée était celle-ci : donner à domicile et gratuitement tous les secours de la médecine et de la pharmacie aux malades indigents. Pour la réaliser, on fit appel à la bienfaisance des personnes qu'on considérait comme étant les « notables de la ville » et il fut décidé que le maire de Lyon serait président-né de l'Institution. Cette charge fut acceptée avec empressement par M. de Lacroix-Laval, alors maire, député du Rhône, ancien administrateur des hôpitaux. La présidence active fut dévolue à M. Regny, trésorier de la ville.

Un premier compte-rendu administratif et médical fût publié en 1821, comprenant le fonctionnement de l'Œuvre pendant les trois premières années ; il fut suivi en 1824 d'une nouvelle publication sur une seconde période triennale.

De ces deux documents largement répandus et auxquels il est fait allusion dans des publications postérieures, nous n'avons pu retrouver aucun exemplaire, mais nous avons sous les yeux un fascicule (152 pages in-8°, 1828), imprimé par Louis Perrin, contenant le compte rendu administratif et médical de l'Œuvre pour les années 1825, 1826 et 1827, par MM. Regny, président, et Orcel, secrétaire, et par M. le docteur Goulard, l'un des fondateurs (1).

Au 31 décembre 1827, nous voyons 533 souscripteurs obtenant en retour de leur cotisation de 3o fr. le choix de faire donner, suivant leurs désirs, les soins à un malade pendant toute l'année ou à douze malades pendant un mois chacun. Un coup d'œil sur le tableau des souscripteurs nous permet de reconnaître les noms de nombreuses familles lyonnaises chez

---

(1) C'est vraisemblablement l'organisation alors récente du Dispensaire qui inspira à l'Académie de Lyon l'idée d'ouvrir en 1819 pour l'année 1820 un concours sur la question suivante : « *Quels sont les avantages et les inconvénients respectifs des hôpitaux et des secours distribués à domicile aux indigents malades ? Quelles améliorations pourrait-on introduire dans le régime actuel des établissements de cette nature ?* »

Le concours n'aboutit pas en 1820, et fut renvoyé d'une année. Deux mémoires sur trois furent récompensés : l'un émanant de M. Orcel secrétaire du Dispensaire ; l'autre, de M. le docteur de Polinière, c'est le seul que nous ayons pu retrouver. Il est intitulé : *Mémoire sur les hôpitaux et les secours distribués à domicile aux indigents malades* ; in-8°, 150 pages. Darmand, imprimeur.

Le mémoire est divisé en deux parties, l'une consacrée aux hôpitaux, l'autre aux secours à domicile dont l'auteur signale les avantages et l'insuffisance. Il mentionne la création du Dispensaire général de Lyon, les premiers rapports présentés sur cette Œuvre en 1819 et 1820 par MM. les docteurs Terme et Goulard, l'extension que l'assistance à domicile pourrait, suivant lui, recevoir par l'entente et l'union dans ce but des hôpitaux et des œuvres particulières.

lesquelles, dès cette époque, la sollicitude pour les indigents était une vertu héréditaire. Nous nous attarderions à les énumérer et il nous serait difficile de faire un choix. Retenons cependant en passant, parmi les administrateurs de 1818 à 1827, les noms de MM. de Belbœuf, de Gasparin, Barou, Regny, Lecours, Breghot du Lut, Vincent de Vaugelas, Jordan, Rieussec, Baboin de la Barollière, de Courvoisier, de Bellevue, Falsan, Monterrat, Mathevon-Bouvard, Vachon-Imbert, Coste, Seriziat, de Barbantanne, Belmont-Terret, Casati, Guillermin, Bonnet, Anginieur, Vincent de Saint-Bonnet ; puis parmi les médecins, consultants ou titulaires, MM. Viriciel, Cartier, Desgaultière, Commarmond, Goulard, Terme, Gubian, Théodore Perrin, Horand.

Ces noms n'éveillent pas seulement des souvenirs de bienfaisance, mais ceux de précieux services dans la magistrature civile ou consulaire, le barreau, le haut commerce, la science, la médecine hospitalière.

Nous parcourons, avec un même sentiment de respecteuse sympathie, la liste de veilleuses et de veilleurs charitables parmi lesquels le Dispensaire pouvait s'assurer la vigilance d'un dévouement permanent au chevet de ses malades.

Dès les premières années de son fonctionnement, l'Œuvre avait institué un Comité médical composé de médecins consultants, titulaires et suppléants. Les premiers comprenant cinq docteurs choisis parmi les plus hautes notabilités de la médecine ou de la chirurgie, faisant partie de droit du Conseil d'administration ; les seconds, dans le plein exercice de leur carrière, et ayant accepté la tâche active de visiter les malades du Dispensaire ; les suppléants enfin, recrutés parmi les jeunes praticiens que leur notoriété précoce pouvait recommander au choix des administrateurs.

Tous ensemble, réunis en un *Comité médical*, ils s'étaient, dès le principe, saisis de toutes les questions d'hygiène, et nous voyons la mention de diverses publications dues à leur initiative commune sur la vaccination gratuite, les secours à administrer aux noyés, les avertissements sanitaires au cas d'épidémies ou d'affections diverses se rattachant au climat lyonnais.

Quant aux soins directement donnés aux indigents, ils s'adressaient à deux catégories de malades : les uns, admis aux consultations des médecins sans recommandation d'aucun des souscripteurs et sur la seule justification de leur état d'indigence. Ils paraissent avoir dépassé, de 1818 à 1827, le nombre considérable de plus de 20,000. Les autres, soignés sur la recommandation directe des souscripteurs de l'Œuvre, et ayant atteint, dans les trois années 1825, 1826, 1827, le nombre plus restreint de 3,247.

On peut affirmer qu'ils furent traités avec un zèle tout exceptionnel, et soumis à des investigations approfondies. Quatre tableaux en font foi.

Le premier nous renseigne sur les suites des maladies ; il peut se résumer ainsi ; malades guéris, 2,043 ; soulagés, 396 ; entrés à l'hôpital, 106 ; décédés, 179 ; restant en traitement, 523 ; total, 3,247, sur lesquels 2,076 s'étaient rendus aux consultations, et 1,176 avaient été soignés dans leur domicile.

Un deuxième tableau classe les maladies par âges et par sexes. La compétence nous manque pour rechercher quelle utilité offrirait le rapprochement de cette statistique très détaillée des affections ressenties par un nombre donné de malades à une époque déterminée, avec la statistique actuelle des maladies régnantes.

Un troisième tableau offre peut-être plus de sujets de comparaison ; les maladies y sont classées par professions.

Enfin, un quatrième tableau présente la topographie nosogénique de notre ville à cette époque, c'est-à-dire classe les maladies d'après l'habitation des malades dans les divers quartiers ainsi énumérés : ouest, midi, centre, nord, rives du Rhône, rives de la Saône.

Quels renseignements ces recherches pourraient-elles fournir aux Commissions actuelles des logements insalubres et des maladies régnantes ? nous ne saurions le préciser ; mais nous retenons ici tout au moins cette preuve de la sollicitude raisonnée et approfondie des médecins pour les malades du Dispensaire.

Il faut dire, toutefois, qu'à l'époque où se placent les documents que nous avons sous les yeux, plusieurs des institutions actuelles de science ou de statistique médicales n'existaient pas, et que le Comité des médecins du Dispensaire fut amené à les devancer. Ainsi en est-il, par exemple, de la Société protectrice de l'enfance dont l'initiative, en 1866, appartient en grande partie à M. le docteur Rodet, alors médecin consultant du Dispensaire, et qui en a peut-être puisé l'idée dans les soirs particulièrement dévoués que cette Œuvre s'efforçait d'assurer dès 1828 à la première enfance.

Nous voyons sous la plume du rapporteur la mention des publications émanant alors du Comité médical du Dispensaire sur l'allaitement maternel, l'hygiène de l'enfance, les crèches, les conditions et les effets de la nutrition artificielle, si recherchée aujourd'hui par l'indolence britannique, à laquelle nous ne disputerons pas l'emploi systématique des nourrices sèches.

Nous ne sommes pas surpris que, suivant le témoignage du docteur Goulard, en 1828, M. le docteur Théodore Perrin, un des plus zélés médecins du Dispensaire, eût déjà commencé la campagne qu'il a menée depuis, pendant plus de cinquante ans, en faveur de l'allaitement maternel.

Nous admirons enfin les réunions mensuelles tenues par le Comité médical du Dispensaire, dont les observations de

médecine et de chirurgie, soigneusement recueillies et ana-
lysées par le docteur Goulard, rapporteur, lui permettent de
mettre en relief le zèle et la sagacité de ses confrères, dont il
signale les cures les plus importantes, et notamment certains
cas de guérison remarquables dus à M. le docteur Gubian.

Dès cette époque aussi nous voyons que les cartes des souscripteurs étaient insuffisantes à faire vivre l'Œuvre, et que des
libéralités particulières permirent seules d'équilibrer le budget
dont les dépenses atteignaient, en 1828, 21,336 fr. 58 c.
(Aujourd'hui, comme nous le verrons, il est de près de
60,000 fr.)

Trois années après, en 1831, un nouveau rapport médical
de M. le docteur Commarmond et un compte rendu administratif de M. Falsan, président, nous révèlent les progrès
croissants de l'Œuvre.

Nous lisons que, indépendamment de 4,728 malades por-
teurs de cartes, qui ont été l'objet d'un traitement régulier
pendant les années 1828, 1829, 1830, plus de 12,000 malades sans recommandation, et par conséquent non inscrits
sur les registres, ont reçu des consultations gratuites.

Sur les 4,728 inscrits on en voit 2,497 guéris, 718 soulagés, 197 entrés à l'hôpital, 331 décédés, 985 restant en traitement. Environ les 2/3 se sont rendus aux consultations
(3,190), l'autre tiers (1,538) a été visité à domicile.

Un autre tableau donne comme précédemment une classifi-
cation des maladies, avec les résultats de guérison, soulagement ou décès, suivant le sexe des malades.

Le rapport du docteur Commarmond complète ces indications par des réflexions sur les affections qui se remarquent
plus particulièrement dans les cités industrielles et populeu-
ses, et les observations nombreuses de cas pathologiques et
de médications diverses, recueillies par le Comité médical
qui, ne se contentant plus d'une assemblée mensuelle pour

suffire aux études dont la matière lui est offerte, tient désormais une réunion hebdomadaire.

« Ces assemblées ordinaires, — dit le rapporteur, — sont consacrées à l'examen des travaux des Commissions, aux observations pratiques et aux grandes consultations pour les malades présentés ; mais tous les mois une discussion sur les maladies régnantes forme un des principaux objets de la séance..... Chaque médecin s'est imposé l'obligation de rendre compte au Comité de tous les faits, intéressants qui l'ont frappé ; de consulter ses collègues sur toutes les maladies importantes, en les convoquant au domicile des malades, ou en appelant ceux-ci, lorsqu'ils le peuvent, dans la salle même des séances. »

De l'échange de ces observations ressortit alors la nécessité de créer un service spécial pour les accouchements, qui fut attribué à M. le docteur Horand, avec le titre de « chirurgien-accoucheur du Dispensaire ».

Nous ne pouvons mentionner toutes les améliorations de détail apportées dans le fonctionnement de l'Œuvre, dont le service médical fut dès cette époque divisé en sept circonscriptions.

Ce qui manquait néanmoins à l'institution, c'était d'acquérir une existence légale qui la rendît apte à recevoir des dons et des legs.

Sur les vœux réitérés du Conseil municipal de Lyon et du Conseil général du Rhône fut rendue une ordonnance royale du 27 décembre 1833, qui conférait enfin au Dispensaire la reconnaissance légale et le titre d'établissement d'utilité publique.

Dès ce moment son existence matérielle pouvait être assurée par des libéralités entre vifs ou testamentaires. Néanmoins l'obligation d'éviter des dépenses qui n'étaient pas directement appliquées aux exigences du service fit renoncer pendant une assez longue période à la publication de nouveaux comptes rendus.

Nous arrivons ainsi à 1848.

III

M. Ant. Mollière, avocat à la Cour d'appel, est alors Président. Ensuite d'un vote du Conseil d'administration, il publia un compte rendu administratif qui, bien que se référant au dernier exercice écoulé, présente des documents d'ensemble d'un grand intérêt.

C'est d'abord un tableau du mouvement des cartes de souscription et du nombre de malades portés sur les registres, et annuellement secourus de 1818 à 1848.

Dans cet intervalle de trente ans, 48,667 indigents recommandés par les souscripteurs ont été visités, sans parler de ceux non munis de carte, auxquels on n'a pas refusé les consultations gratuites.

Dans le Comité médical apparaissent comme médecins consultants, depuis 1832, MM. de Polinière, Martin jeune, Mermet, de Laprade, Imbert, Bottex, Rougier, Amédée Bonnet, et comme médecins titulaires ou suppléants, MM. Teissier, Tavernier, Paul Brun, Peyraud, Leriche, Berchoux, Dauvergne, etc.

Parmi les administrateurs de 1832 à 1848, nous remarquons les noms si honorés dans le commerce, la magistrature, le barreau et dans des sphères diverses, de MM. Antonin Mathevon, Chaurand, Crozet de la Fay, Sériziat, Cholleton, Perret-Lagrive, de Cotton, Etienne Gautier, Gourdiat, Nepple, Delandine, de Pommerol, Delaporte, Thomas Dugas, Jurie, Durand, Camille Jordan, Vachon de Lestra, Victor de

Boisset, Ravier du Magny, De Coutance, Biétrix, Eugène Rieussec, Roë, de la Perrière, Gaulot, Goiran, Paul Eymard, Jacquier, Vincent Million.

M. Mollière met en relief les heureux efforts des Présidents, qui après MM. Regny et Falsan, l'ont précédé; ce sont : MM. Vachon-Imbert et Camille Jordan. Le premier s'est plus spécialement attaché à l'organisation des visites charitables au domicile des malades indigents; le second a montré un zéle exceptionnel et bien méritoire en allant, avec l'un des administrateurs M. Victorin Biétrix, solliciter directement chez un grand nombre de personnes des souscriptions rendues nécessaires par la fluctuation et l'insuffisance du nombre des cartes.

La reconnaissance comme établissement d'utilité publique avait d'ailleurs singulièrement profité au Dispensaire en lui permettant de recueillir des libéralités qui, de 1832 à 1845, s'élevèrent à 27,718 fr.; un tableau fut dès cette époque destiné à recevoir l'inscription des noms des bienfaiteurs qui ne se contentent pas de manifester leurs sympathies à l'Œuvre par leur seule souscription annuelle.

Ces libéralités avaient facilité l'extension des moyens curatifs, notamment la création d'un service de bains et douches de vapeur. Le Comité médical continuait à tenir des séances régulières, alternativement présidées par MM. Viricel, de Laprade, Imbert, Bottex, Rougier.

Le service des accouchements, auquel avait à peine suffi pendant plus de dix ans le zèle de M. Horand, un moment assisté par M. le docteur Barrier, avait nécessité le concours permanent de deux médecins : MM. Passot et Fonteret.

M. Mollière, dans son compte rendu administratif, qui mettait en relief tous les bienfaits de l'Œuvre, concluait très légitimement qu'elle offrait comme les hôpitaux toutes les ressources de l'art, et qu'elle apparaissait comme l'expression

de la charité la plus perfectionnée, la plus efficace, la plus
propre à soulager le pauvre, sans rien détruire des devoirs de
la famille, en resserrant ses liens, et sauvegardant les corps et
les âmes de contacts toujours impurs que rend inévitables l'agglomération forcée des malades dans les services hospitaliers.
L'Œuvre du Dispensaire, disait-il, est comme l'hôpital externe,
de même que l'hôpital est lui-même le grand Dispensaire interne. Les deux institutions sont aussi nécessaires l'une que
l'autre à la vie d'une grande cité.

IV

Onze ans plus tard un nouveau compte rendu administratif
et médical est publié. Il émane de M. Barthélemy Goirand,
qui a succédé à M. Mollière dans la présidence, et il embrasse
la période décennale de 1848 à 1859. L'agglomération à Lyon
des communes suburbaines de Vaise, la Croix-Rousse et la
Guillotière avait nécessité la réorganisatiou et l'extension du
service médical, divisé désormais en neuf circonscriptions.

Le Conseil d'administration (dans lequel, à côté de noms
anciens, nous voyons ceux de MM. Onofrio, Biétrix, Ducruet,
Ducurtyl, Robin, Bourgeois. Jullien, Saint-Olive, Lachaise,
de Lagrevol, Siefert, Aimé Perret, Louis Perrin, de Soul-
trait, etc.), après avoir dressé l'état des libéralités, qui, en
dehors des souscriptions, s'élèvent, depuis l'origine jusqu'à
la fin de 1858, à 45,926 fr. 63 c., a réalisé l'acquisition de la
maison sise rue Poulaillerie, 20. C'est là que seront établis
désormais le siège de l'Œuvre, les bureaux, les salles de
consultation, et la pharmacie avec ses dépendances.

Les dépenses de la dernière année ne se restreignent plus,
comme autrefois, dans des limites moyennes de 22 à 23,000 fr.,

elles ont atteint 52,521 fr. 44 c., et malgré l'augmentation du
nombre des cartes de souscripteurs, qui se sont élevées à 825,
elles ont excédé les recettes de 7,247 fr. 05 c. « Mais nous
avons tout lieu d'espérer, dit l'auteur du rapport, que, grâce
à la charité de nos concitoyens, l'équilibre se trouvera rétabli. » Il ne s'agit pas seulement de couvrir un déficit, le
nombre des malades s'est accru ; il était de 2,500 en 1848, il
a été de 5,722 en 1858. La nécessité d'améliorations nouvelles s'impose. Le désir a été exprimé que des bons de
viande fussent délivrés aux convalescents par ordonnances de
médecins. M. Goirand espère que ce vœu sera réalisé ; il
annonce dans son rapport les nouveaux appels qui vont être
faits à la bienfaisance au moyen d'une loterie, ou sous d'autres
formes, et conclut que le Dispensaire, « émule des hospices,
doit de plus en plus en alléger les charges, en conservant un
bien plus grand nombre de malheureux, pendant de longues
maladies, à leur famille, au logis qui leur est cher, à la surveillance de tous leurs intérêts ».

A la présidence de M. Barthélemy Goirand succédait, quelques années après, celle de M. Chartron, dont le nom était,
on peut le dire, connu de tous les malheureux. Sa mort, si
regrettable pour toutes les œuvres dont il s'oceupait, appela
M. Bié à lui succéder.

Sous la présidence de M. Paul Bié, le Dispensaire a atteint,
à certains égards, son point culminant. Aucune publication
n'est plus intéressante que celle qui, au début de 1870, réunit
dans un même fascicule un compte rendu de l'Œuvre depuis
1858, par son Président, un discours de M. Royé-Belliard,
vice-président, et un discours de M. le docteur Teissier, président du Comité médical.

M. Paul Bié, dans son rapport lu à une séance publique
du 23 décembre 1869, signala en quelques traits heureux les
progrès et la situation de l'Œuvre.

En 1858, le nombre des souscripteurs n'était que de 825 ; il atteint 1,230 à la fin de 1869.

En l'année 1858, 5,722 malades avaient été secourus ; l'extension des cartes a permis d'en secourir 8,023 en 1869 (1).

Le service médical, dans les limites de l'agglomération lyonnaise, avait dû être divisé en dix circonscriptions desservies par dix médecins titulaires et dix médecins adjoints.

Les recettes, qui ne s'étaient élevées en 1858 qu'à 45,274 fr., entraient pour 56,260 fr. dans le budget prévisionnel de 1870. Enfin, depuis 1858, 27,205 fr. de libéralités distinctes des souscriptions avaient été recueillies, parmi lesquelles M. le docteur Rater et sa famille avaient versé 7,000 fr. comme première assise d'une fondation de bons de viande pour les convalescents.

M. Paul Bié pouvait donc très légitimement affirmer que la Dispensaire avait jeté de profondes racines dans la cité lyonnaise et il explique ce succès en rappelant que l'Œuvre, fidèle à la grande pensée de ses fondateurs, « s'adresse à tous sans distinction ; elle ne voit que les infortunes à secourir, les maux à soulager, sans demander au malheureux qui souffre, *ni qui il est, ni d'où il vient* ».

Après le Président de l'Œuvre, M. Royé-Belliard, vice-président, dans un discours plein de précision, jetait une vive lumière sur l'utilité du Dispensaire en faisant un historique de l'assistance médicale à domicile. L'idée, disait-il, n'en est pas récente, dès l'année 1547 un édit de Henri II avait essayé d'organiser des secours pour les malades pauvres dans leur demeure. Montesquieu en avait fait ressortir l'excellence.

(1) En 1863 avaient été traités 6.259 malades
	1864	—	—	6.530	—
	1865	—	—	7.227	—
	1866	—	—	7.413	—
	1867	—	—	7.905	—
	1868	—	—	8.023	—

En 1791, dans un long rapport sur les hospices de Paris, Larochefoucault-Liancourt avait à son tour signalé à l'Assemblée nationale l'utilité du traitement à domicile qu'il déclarait « préférable à tous les autres lorsque des raisons particulières ne s'opposent pas à ce parti salutaire », opinion qu'exprimait M. de Pastoret en 1802.

Mais M. Royé-Belliard donnait aussi en exemple l'Angleterre, dont le *General Dispensary*, dès 1786, se recommandait à l'attention publique et avait vivement frappé les commissaires de l'Académie des sciences, envoyés de Paris pour visiter les établissements charitables de la Grande-Bretagne. L'idée toute spontanée des fondateurs de l'Œuvre lyonnaise en 1818 avait donc des précédents, elle était mûrie en quelque sorte avant que de naître, mais elle était encore perfectible et M. Royé-Belliard, traçant magistralement le tableau des progrès à réaliser, terminait son discours par l'appel le plus chaleureux à la bienfaisance de nos concitoyens.

Avec M. le docteur Teissier, entendu dans la même séance, les souscripteurs recevaient sur l'excellence de l'Œuvre le témoignage le plus autorisé que puissent émettre la science, l'expérience, la pratique prolongée des services hospitaliers.

M. Teissier montre par des faits les heureux effets de l'assistance domiciliaire sur l'efficacité du traitement, sur le chiffre de la mortalité, et par conséquent sur l'état de la santé publique.

Il faudrait citer ici le discours tout entier ; empruntons-lui au moins quelques traits : « Un ouvrier, par exemple, reçoit une contusion ou se fait une entorse qui le force d'interrompre son travail et de recourir aux soins de l'art. Avec une carte du Dispensaire, il pourrait rester chez lui, guérir de la manière la plus simple et la plus sûre, sans quitter sa famille. Mais il n'a pas de carte, et il est forcé de se rendre à l'hôpital où nous le couchons, soignons et nourrissons de notre mieux.

Par malheur, la petite vérole règne dans nos salles ; il la con-
contracte et sa vie court, dès lors, les plus grands dangers.

« Le péril est encore plus grand pour ceux qui sont atteints
de plaies ou qui ont une opération chirurgicale à subir, fût-
ce la plus légère ; une multitude de blessures ou d'opérations
qui guériraient facilement, si les malades pouvaient ne pas
quitter leur chambre, deviennent fréquemment, dans les
grands hôpitaux, une cause d'accidents redoutables, quand
règnent, ce qui est loin d'être rare, des épidémies d'érysipèle
ou de fièvre purulente. »

Toutefois, en établissant entre les soins hospitaliers et les
secours domiciliaires un parallèle qui, au point de vue des
chances de mortalité, est tout à l'avantage de ce second mode
de traitement, M. le docteur Teissier n'oublie pas de tenir
compte de l'appoint qu'apporte dans la mortalité des hôpitaux le nombre considérable des affections incurables. Il se
garde bien aussi de passer sous silence les objections des partisans systématiques de l'hospitalisation, il emprunte même
à l'un d'eux, chirurgien éminent, cette peinture très saisis-
sante :

« Sous le rapport des conditions matérielles, la demeure
du pauvre met ordinairement un obstacle insurmontable à l'y
traiter. Une chambre unique, étroite, encombrée d'objets
qu'on ne peut déplacer, un lit refait un jour sur dix, l'odeur
des préparatifs de cuisine, de ménage et de travail, la présence
des enfants ; pour tout résumer : mauvais air, mauvaise
hygiène. Et vous voudriez y laisser des malades ! avant de le
faire, songez d'abord à assainir leurs logements ! »

Tout cela n'est que trop vrai, et « cependant, — reprend
M. le docteur Teissier, — l'objection n'a pas la portée qu'on
lui attribue. Une circonstance péremptoire en atténue la force ;
c'est que, même dans leurs réduits, et sur leurs grabats, les
malades du Dispensaire, soumis aux mêmes médications et

quelquefois traités par les mêmes mains, guérissent mieux. Pourquoi ?

« Parce que, suivant la réponse spirituelle et vraie de l'un des médecins consultants de l'Œuvre, M. le docteur Diday, dans le réduit du pauvre, il n'y a qu'encombrement de mobilier, tandis que dans nos hospices, il y a encombrement de malades. »

— Et puis, il y a aussi « l'influence fâcheuse et dépressive de l'air des hôpitaux, et la répulsion que souvent les malades éprouvent à s'y rendre »,— et « l'éloignement de leurs parents et de leurs amis et la contrariété d'être couchés à côté d'autres malades inconnus, dont la vue et le contact les impressionnent péniblement ».

Même pour les affections rebelles aux traitements efficaces le traitement domiciliaire diminue donc les chances de mortalité. « Les médecins qui ont pratiqué à la fois dans les hôpitaux et au Dispensaire savent bien la différence de résistance qui existe chez les pauvres gens affectés de maladies chroniques. Avec une santé habituellement fragile, précaire et languissante, et même avec une affection incurable et consomptive, on peut mener une longue vie dans un mauvais réduit; combien la chose est plus rare dans les hôpitaux. »

C'est surtout pour les femmes en couches que l'administration des secours à domicile présente les avantages les plus considérables et les plus incontestés. « Ici encore, dit M. le docteur Teissier, les bienfaits du Dispensaire se montrent d'une manière irréfutable. D'un document rédigé par MM. Gubian fils, Pioch et Cognard, médecins titulaires, et reproduit par MM. Arthaud et Pétrequin, médecins consultants, il résulte que sur 575 accouchements faits dans les huit années qui s'écoulent de 1858 à 1865 on n'a pas eu à déplorer plus de trois décès; — et sur 10 accouchements opérés en 1868 on n'a pas eu un seul cas de mort; et « cependant, —

dit M. Teissier, — se sont trouvés parmi eux plusieurs faits compliqués et difficiles ».

Enfin, pour ne laisser dans les esprits aucune ombre sur ce qu'il appelle « l'utilité incomparable de l'Œuvre », il démontre combien le secours domiciliaire généralement préférable pour les maladies aussi variées par leurs formes que par leur degré de gravité est en même temps moins dispendieux que l'assistance dans les hôpitaux.

La conclusion est « que les hôpitaux doivent rester largement ouverts à la population flottante, aux malades atteints d'affections contagieuses ou de grands traumatismes, à tous ceux qui, par leur isolement, leur dénûment ou la nature de leur maladie, ne peuvent ou ne veulent rester chez eux, mais que les pauvres gens qui ne sont pas dans ces conditions puissent être traités sans quitter leur famille ».

Pour que ce résultat soit atteint, trois vœux doivent être réalisés, c'est que : 1° toutes les œuvres très nombreuses qui se sont donné la mission de soulager les indigents, et dont la sphère d'action est nécessairement très limitée, recourent au Dispensaire pour mieux atteindre leur but ; 2° que le Dispensaire étende lui-même ses secours par des distributions de bons de viande, de linge, d'objets de literie, etc. ; 3° que les libéralités qui vont aux hôpitaux et hospices se partagent désormais et affluent à l'assistance à domicile.

Tel est, dans un résumé succinct, le discours que M. le docteur Teissier fit entendre le 23 décembre 1869 aux souscripteurs du Dispensaire, entouré de ses collègues, du Conseil d'administration, où se voyaient alors MM. les docteurs Diday, Pétrequin, Arthaud, Rodet.

V

On entrait en 1870. En cette année néfaste, le Dispensaire éprouva dans ses recettes ordinaires un déficit de 15,000 fr. (Rapport de M. Bié, 1876. Bellon, impr.) et dut, sur quelques capitaux accumulés, employer jusqu'à 20,000 fr. pour répondre aux exigences du moment, en prodiguant aux blessés et aux malades dans les ambulances, les soins de ses médecins, des médicaments, des secours de toute nature.

Jusqu'alors la municipalité avait accordé à l'Œuvre des subventions variables, qui dans les derniers exercices avaient atteint 5,000 fr.

En 1872, le Conseil municipal conclut à la suppression de cette allocation. Les services accessoires, qu'assuraient à l'Œuvre les sœurs auxiliaires du pharmacien, la rendaient suspecte. Il ne fut pas difficile aù Conseil d'administration dont faisait partie, entre tant d'hommes honorables, et depuis bien des années, M. Le Royer, de démontrer que la Société, composée de souscripteurs appartenant à toutes les situations et à toutes les opinions, n'avait jamais modifié son programme : soulager indistinctement les malades indigents en dehors de toute action politique ou religieuse.

Le Maire de Lyon, M. Barodet, le comprit promptement, et le Conseil municipal, faisant plus que revenir sur sa première délibération, augmenta la subvention au lieu de la supprimer et la porta à 6,000 fr.

Les bienfaits si visibles de l'Œuvre l'avaient emporté sur d'étroites suspicions ; ils devaient bientôt appeler de nouveau l'attention sur elle et donner lieu à une discussion du plus haut intérêt pour l'organisation générale des secours aux indigents de notre ville.

En effet, le Bureau de bienfaisance, œuvre toute municipale, n'avait jamais *cessé* d'exister à coté du Dispensaire. Mais de graves abus s'étaient introduits dans son fonctionnement. Nous les voyons ainsi exposés dans un rapport de M. le docteur Gérard, ordonnateur (10 mars 1874) :

« En vertu de son règlement, le Bureau de bienfaisance tend aux indigents indisposés, et dans leur domicile, les premiers secours médico-pharmaceutiques gratuits, destinés à empêcher une simple indisposition de dégénérer en une véritable maladie. Mais dès qu'un médecin reconnaît qu'il a affaire à une maladie sérieuse, il doit conseiller au malade d'entrer dans l'un des hôpitaux de l'agglomération lyonnaise, et cesser ses visites.

« Ce service, avant 1870, fonctionnait régulièrement, aux prix moyens de 40 à 50,000 fr. par an, mais sur la menace de l'invasion étrangère, les conseils de famille des légions de la garde nationale ne se contentèrent plus de rendre les premiers secours; ils traitèrent complètement à domicile leurs malades indigents. »

M. le docteur Gérard expose comment cet état de choses ayant *créé* certaines habitudes d'assistance exagérée, a « fait monter les dépenses annuelles de 40 à 65,000 avec menace de dépasser incessamment ce chiffre ».

Dès 1873, le Conseil d'administration du Bureau de bienfaisance avait cherché à « opposer une digue à ce débordement ».

Dans un premier travail imprimé sous ce titre : *Mémoire pour le service médico-pharmaceutique, gratuit à domicile* (Lyon, 6 fév. 1873, Mougin-Rusand, imprim.), M. le docteur Gérard, analysant les travaux publiés sur ce sujet par MM. les docteurs Bourland-Lusterbourg, Garnier, Chaballier, discu-

tait deux solutions : 1° une entente du Bureau de bienfaisance avec le *Dispensaire général*; 2° l'organisation, d'après
le système allemand, de cliniques extérieures destinées à
compléter les cliniques hospitalières.

Ce système, que **M.** le docteur Bourland-Lusterbourg avait
très complètement étudié dans son mémoire couronné par la
Société de médecine (1), obtenait l'adhésion de **M.** Gérard,
ordonnateur du Bureau de bienfaisance, qui le soumit à la
fois aux administrateurs *de cette institution*, à l'autorité municipale, à l'École de médecine et aux hôpitaux.

Il en résumait les conditions essentielles en ces termes :
« Une consultation gratuite, établie dans chaque arrondissement, serait faite un jour par un médecin, le jour suivant
par un chirurgien, désignés à tour de rôle, parmi les suppléants des titulaires en exercice dans les hôpitaux; — chacun
d'eux aurait sous ses ordres un *nombre d'internes et d'externes* que l'expérience lui ferait bien vite proportionner à
l'importance de son nouveau service. Chaque indigent serait
introduit sur la présentation d'une carte d'admission signée
par l'administrateur de l'arrondissement sur les registres
duquel l'indigent aurait été préalablement inscrit. L'externe
de garde enregistrerait le malade, et en écrirait sur un livre
spécial l'observation dictée par l'interne auquel il serait
attaché. Le chef de service formulerait son diagnostic, son
pronostic et dicterait son ordonnance, laquelle serait immédiatement écrite sur la carte du malade, puis confiée à une
succursale de la pharmacie des hôpitaux établie le plus près
possible du cabinet de consultation... Après la consultation,
chaque interne, assisté de son élève externe, irait visiter les
malades régulièrement inscrits, *pour lesquels on serait venu
réclamer les secours médico-pharmaceutiques ;* il en prendrait,

(1) *L'Assistance publique à Lyon*, in-8, 163 p. Paris, 1868, Guillaumin et Cⁱᵉ, éditeurs.

avec son externe, l'observation attentivement rédigée, et il prescrirait les secours d'urgence, s'il y avait lieu. Le lendemain, le chef de service consacrerait la première heure à écouter les rapports de chaque interne, à provoquer des éclaircissements et des discussions scientifiques, et à décider les visites ultérieures, à faire, soit par lui chef de service avec ses internes et ses externes, soit par ses internes et externes seulement, suivant le plus ou moins de gravité des cas soumis à sa décision par chacun de ses internes.

« Ces chefs de service à domicile longtemps stagiaires et en sous-ordre dans les hôpitaux, commenceraient ainsi, tout d'abord, l'édification de leur réputation|; les internes y [passeraient un temps de stage des plus 'occupés et des plus utiles, etc.

« Mais, disait en terminant M. le docteur Gérard, la routine permettra-t-elle aux hôpitaux et à l'École de médecine de suivre, en ce point, l'exemple des universités allemandes ? »

VI

Nous ne savons si ce fut la routine qui rendit impossible une entente entre le Bureau de bienfaisance et les hôpitaux pour l'organisation des services proposés, ou si, de part ou d'autre, on douta de l'efficacité et de l'esprit de suite des soins administrés en grande partie par les internes et subsidiairement par les chefs de service (appelés à se déranger le moins possible, et à n'apparaître le plus souvent que comme des juges en dernier ressort).

Toujours est-il que le Bureau de bienfaisance n'accueillit pas ce système et prit, un an après, une tout autre détermination.

Il entrait directement en pourparlers avec le Dispensaire pour lui transférer tout le service médical et pharmaceutique des indigents de la ville de Lyon.

Des Commissions furent nommées par les deux institutions, celle du Dispensaire proposa un projet d'entente formulé avec une remarquable précision par son rapporteur, M. Verne de Bachelard; le Bureau de bienfaisance exprima son adhésion après délibération sur un nouveau rapport de son ordonnateur, M. le docteur Gérard.

Il est intéressant de voir en quels termes, à la date du 26 mars 1875, fut prise sa délibération :

« Considérant que le service médical et pharmaceutique actuel présente de nombreux abus, sans donner aux malades indigents des soins suffisants ;

« Que la dépense de ce service s'est élevée, depuis l'exercice 1869, de 40 à 65,000 fr. ;

« Que cette situation anormale, loin de s'améliorer, tend au contraire à s'aggraver chaque année ;

« Considérant que le devoir de l'Administration est de rechercher le moyen pratique de secourir désormais plus efficacement les malades à domicile, en y apportant toute l'économie compatible avec les exigences les plus larges du service;

« Considérant que le Dispensaire général offre les garanties les plus entières pour atteindre ce double but ;

« Qu'indépendamment des abus qui ont motivé cette mesure, et qui seront désormais impossibles, les soins donnés aux malades indigents par cet établissement de bienfaisance comportent le traitement complet à domicile et pour toute nature de maladie ;

« Que les secours accordés en pareils cas par le Bureau de bienfaisance *se réduisant à trois visites*, cette différence dans les soins aux malades suffirait déjà, par son côté humanitaire, à fixer le choix du Conseil ;

« Considérant que le principal obstacle à ce projet, soulevé dans la discussion, est la centralisation des médicaments dans une pharmacie unique;

« Que cet inconvénient ne saurait être sérieux, puisque l'Administration du Dispensaire utilise ce système avec succès tout en approvisionnant en remèdes les indigents de toute l'agglomération lyonnaise ;

« Que s'il y avait doute à cet égard, l'exemple de la Société des ouvriers en soie de Lyon suffirait pour le dissiper, puisque 5,ooo sociétaires payants et épars non seulement dans l'agglomération, mais encore dans les communes suburbaines les plus éloignées viennent s'alimenter sans récrimination à leur unique pharmacie de l'intérieur de la ville ;

« Considérant, enfin, que le transfert du service médico-pharmaceutique au Dispensaire général n'aliénera d'aucune façon le contrôle du Bureau de bienfaisance ;

Que le Dispensaire n'aura simplement qu'un surcroît de service alimenté par la clientèle que le Bureau de bienfaisance lui enverra,

      « Délibère :

« Sont adoptées dans leur ensemble les conclusions du rapport de M. le docteur Gérard, posant le principe de confier au Dispensaire général le service médico-pharmaceutique du Bureau de bienfaisance, etc. »

Rien ne semblait devoir paralyser la mise à exécution de cette délibération ; mais à peine connue elle souleva une émotion profonde parmi les pharmaciens de la ville.

Quatre-vingt-huit d'entre eux publièrent une protestation contre cette mesure, qui avait pour résultat de substituer une officine unique, celle du Dispensaire, aux nombreuses pharmacies auxquelles avait recours le Bureau de bienfaisance (1).

(1) *Inconvénients de concentrer entre les mains du Dispensaire général le service médico-pharmaceutique du Bureau de bienfaisance.* Lyon, 1874, imprimerie du *Salut public*.

Une polémique s'engagea. M. le docteur Diday, dans le
Lyon Médical, soutint énergiquement l'opportunité de confier au Dispensaire tout le service médico-pharmaceutique du
Bureau de bienfaisance. Il reprochait surtout à celui-ci d'a-
bandonner les malades après trois visites, et faisait ressortir
toutes les ressources que présentait au contraire le Dispensaire au point de vue de l'assistance à domicile.

M. le docteur Crolas lui répondit, et consacra à la question
une étude fort intéressante (1).

La fusion des deux Œuvres de bienfaisance donnera-t-elle,
— dit-il, les résultats attendus au point de vue de l'assistance
publique ? — Non. « Quand on entre dans les détails du fonctionnement de ces deux administrations, la chose qui frappe
surtout, c'est qu'elles se complètent, et on est forcé de reconnaître que lorsqu'une d'elles aura absorbé l'autre, au lieu
d'avoir réalisé un progrès comme on l'espérait, on se trouvera vis-à-vis d'une nouvelle lacune de l'assistance à domicile.

« En effet, si le Bureau de bienfaisance n'accorde des soins
que pendant un temps limité, s'il ne suit pas toujours les
malades jusqu'à la guérison, son organisation lui permet,
chose que l'on n'apprécie pas assez, de secourir promptement
les indigents.

« Il intervient efficacement, en cas d'accident, au début d'une
maladie aiguë ; le malade se procure facilement chez son curé,
ou chez le distributeur de son sous-comité, le bon qui lui
donne droit à la visite du médecin, qui habite toujours dans
son voisinage, et aux médicaments qui peuvent lui être délivrés par tous les pharmaciens de son quartier.

« Généralement après trois visites du médecin, qui corres-
pondent à dix jours de traitement, le malade est rétabli.

(1) *Le service médical et pharmaceutique du Bureau de bienfaisance*,
par M. le docteur Crolas. Lyon, 1874, imprimerie du *Courrier de
Lyon*.

..... « Si le malade n'est pas entièrement guéri, il a eu, pendant ces dix jours, le temps de se préparer à entrer à l'hôpital, ou même d'obtenir une carte du Dispensaire.

..... « En observant sans parti pris ce qui se passe tous les jours, on constate que, presque toujours, les maladies aiguës sont soignées par le Bureau de bienfaisance, et les chroniques par le Dispensaire, et cela uniquement par suite de la différence qui existe dans l'organisation de ce deux administrations.

« Nous avions donc raison de dire que ces deux Œuvres se complétaient, et que si le Dispensaire absorbait le Bureau de bienfaisance, nous nous trouverions vis-à-vis d'une lacune dans l'assistance publique. »

M. le docteur Crolas montre ensuite qu'avec l'organisation du Bureau de bienfaisance les médicaments sont délivrés par cent vingt officines réparties dans les différentes parties de la ville, et en raison de l'intensité de la population, avantage que ne pourrait procurer le Dispensaire, même avec les succursales projetées de la pharmacie.

Il conclut que « l'on doit laisser à leur vie propre deux institutions ayant chacune un but, un objectif différent, qui se complètent chaque jour dans l'exercice de la charité et de l'assistance à domicile, en s'appliquant à modifier chacune d'elles dans ce qu'elle a d'imparfait ».

Ces conclusions ont-elles eu une influence directe sur les résolutions prises ? On pourrait être tenté de le croire, car à l'heure actuelle le Bureau de bienfaisance et le Dispensaire ont gardé leur vie propre et s'efforcent parallèlement de progresser dans la voie qui leur est ouverte (1).

(1) Dans une séance de la Société d'économie politique de Lyon du 19 décembre 1879, M. Chabrières-Arlès, présentant un rapport sur la question de l'*Organisation des Bureaux de bienfaisance*, persistait à croire que la municipalité devait se désintéresser du secours médical à domicile et en confier exclusivement le service au Dispensaire. « Le Bureau de bienfaisance, disait-il, donne pour 3o,ooo fr. de secours médicaux ; cela

VII

Leur autonomie devait nécessairement entraîner la cessation de toute allocation au Dispensaire par la ville. La suppression de la subvention municipale est devenue définitive
en 1875. L'Œuvre s'est vue dans la nécessité de faire un

est à supprimer. Il faut verser cette somme au Dispensaire contre remise
d'un certain nombre de cartes que les distributeurs remettront aux indigents malades. » (Voy. les *Comptes rendus de la Société d'économie
politique*, 1 vol. in-8, 1879-80 ; Mougin-Rusand, imprimeur, p. 53.)
M. Chabrières-Arlès ayant présidé pendant plusieurs années le Bureau
de biensaisance, son témoignage peut être considéré comme ayant une
autorité particulière. On voit combien l'opinion des personnes les plus
compétentes peut varier sur cette délicate question des meilleurs modes
d'assistance médicale des indigents.

Nous devons mentionner aussi, sur l'opportunité de la concentration
des secours médicaux à domicile, un *Projet de réorganisation de l'assistance à domicile à Lyon, par l'intermédiaire du Dispensaire général*, par
M. le docteur Louis Gubian, secrétaire du Comité médical du ·Dispen-
saire, broch. in-8 de 23 p. Lyon, 1868 ; Bellon, imprimeur.

L'auteur, prenant pour modèle l'*Official Dispensary* de New-York,
proposait un système d'assistance fondé sur le fusionnement de l'Administration des hôpitaux, du Dispensaire et du Bureau de bienfaisance. Il
insistait sur les avantages que présenterait l'unité de direction et d'administration des secours médicaux à domicile, afin de les rendre plus sûrs,
plus efficaces, et d'éviter les abus, et surtout les doubles emplois ; mais il
ne se dissimulait pas que son projet inspirerait la crainte d'une assimilation
de l'assistance publique lyonnaise à l'organisation de la charité légale
telle qu'elle existe en certains pays voisins.

Plus anciennement, M. le docteur de Polinière, dans son mémoire que
nous avons cité sur les *Les Hôpitaux et les Secours à domicile*, avait
conclu dans le même sens, que « l'un des moyens les plus efficaces pour
empêcher les abus serait de réunir toutes ces institutions (Dispensaires et
Bureaux de bienfaisance) sous une même loi, de les soumettre à une unité
de principe, de fondre, en un mot ces établissements divisés, fruits de
libéralités particulières, en un seul établissement. De là partiraient
comme d'une source unique les secours qui seraient supplémentaires à
ceux des hôpitaux, et qui pourtant ne se confondraient pas avec eux. »

appel extraordinaire à la bienfaisance lyonnaise, dans le double but : 1° de combler le déficit annuel devant résulter de la disparition de cette ressource ; 2° d'asseo.r l'organisation du service sur des bases plus sûres et plus larges.

Cet appel, formulé en quelques pages, signées par tous les administrateurs (1), fut entendu. Les libéralités accumulées depuis 1818, augmentées de nouveaux dons, permirent en 1876 d'agrandir les locaux affectés à la pharmacie, à la salle d'attente des malades, aux cabinets de consultation, et d'acquérir dans ce but, et aussi à titre d'emploi définitif du modeste patrimoine de l'Œuvre, une maison du prix de 65,000 fr., sise rue Dubois, adossée à celle que le Dispensaire possédait dans la rue de la Poulaillerie, n° 20.

Ce fut l'un des derniers actes d'administration de M. Paul Bié, président, dont le zèle toujours en éveil savait recueillir sans cesse de nouvelles cartes de souscripteurs. Le Dispensaire lui dut, malgré la suppression de la subvention municipale, non seulement le maintien, mais le développement de ses services.

Nous ne savons quel conflit survint alors. Et nous nous demandons par quelle malencontreuse inspiration l'autorité préfectorale, à l'expiration du mandat administratif de M. Bié, et malgré la demande unanime de ses collègues, se refusa à le renouveler et imagina même de pourvoir à la nomination d'administrateurs par des choix faits en dehors des sociétaires souscripteurs.

Cette fantaisie dictatoriale ne pouvait prévaloir contre les statuts de l'Œuvre, homologués par le décret qui lui avait,

(1) Le conseil comprenait alors MM. Paul Bié, président ; Royé-Belliard, vice-président ; Charles Armand, Baud, Joseph Bellon, Bissuel, Dominique Brosset, Canat de Chizy, Em. Chalandon, Et. Dérieux, Maxime Lefebvre, Fougasse, Kuppenheim, Lombard-Morel, Ponson, Ribollet, Aug. Robin, Paul Rougier, Leroyer, Verne de Bachelard et MM. les docteurs-médecins consultants Rodet, Arthaud, Diday, Pétrequin, Teissier.

en 1833, conféré le titre d'établissement d'utilité publique. Le préfet mieux informé comprit son erreur et, s'il maintint l'élimination de M. Bié, il rétracta son arrêté pour le surplus.

Sous l'administration de ses deux successeurs, le Dispensaire apprécié à sa juste valeur, mais n'ayant d'autre devoir légal envers l'autorité préfectorale que l'obligation de lui soumettre sur une liste de trois candidats la nomination de chaque administrateur, n'eut qu'à se féliciter de ses rapports avec MM. Oustry et Massicault.

On eût pu désirer toutefois la prorogation du mandat de M. Verne de Bachelard, ancien administrateur, qui avait succédé à M. Bié dans la présidence de l'Œuvre, pour laquelle il avait dans le Conseil, témoigné depuis longtemps la sollicitude la plus éclairée.

L'expiration de ses pouvoirs non renouvelés dut, après une année de présidence, aux grands regrets de ses collègues, lui faire donner un successeur. Il eût été fort heureux pour l'Œuvre que l'on pût alors réintégrer dans la présidence M. Paul Bié. Son dévouement, et surtout son ingéniosité pour soutenir et multiplier les souscriptions n'ont jamais été égalés.

M. Bié, réintégré dans le Conseil, par le vote de ses anciens collègues, et par un arrêté de M. Massicault, reprit avec le même zèle qu'autrefois ses fonctions d'administrateur, mais ne voulut accepter que le titre de Président honoraire. Néanmoins, l'Œuvre bénéficia de son expérience et de son dévouement jusqu'à l'heure où la mort mit fin à sa longue et si honorable carrière (octobre 1886).

VIII

Quelle a été, depuis la cessation de la présidence de MM. Bié et Verne de Bachelard, c'est-à-dire depuis 1880, la situation du Dispensaire? quelles améliorations a-t-il reçues? quels sont son véritable caractère, sa mission? quels progrès doit-il réaliser? Ces questions s'imposent maintenant à notre attention.

Pour répondre à quelques-unes d'entre elles, nous n'aurons qu'à signaler les mesures ou les propositions dont l'initiative remonte à l'un des plus zélés administrateurs de l'Œuvre, le regrettable docteur Rodet.

Président du Comité médical, il pensait avec raison que la force vive du Dispensaire, ce qui est toute sa raison d'être, c'est l'excellence et l'efficacité des soins des médecins. Ils doivent répondre avec sûreté et promptitude aux besoins des malades dans tous les quartiers de la ville. L'organisation du service médical satisfaisait-elle bien à ces conditions? M. le docteur Rodet estima avec le Conseil que l'extension de la population exigeait un remaniement des circonscriptions territoriales entre lesquelles se répartissait le service médical.

Une étude minutieuse lui permit de proposer une division de la ville en onze circonscriptions, établies d'après les éléments de statistique dressés par M. le docteur Odin, secrétaire du Comité médical. Cette réorganisation comportant la nomination de onze médecins titulaires, auxquels sont adjoints des suppléants, fut dès 1880 mise à exécution. Elle n'a depuis donné lieu à aucune observation sérieuse, et semble répartir la tâche aussi également que possible entre les médecins.

La voie dans laquelle le Dispensaire doit, en ce sens, étendre ses bienfaits est toute indiquée. L'administration actuelle n'a pas attendu l'agrandissement projeté du rayon d'octroi pour comprendre que les onze circonscriptions pourraient, à un moment donné, devenir insuffisantes. Un service nouveau a été créé, à partir du 1er août 1887, pour les quartiers de de Monplaisir, Villeurbanne et Sainte-Anne où la population s'est considérablement accrue depuis le dernier recensement.

En même temps que le service médical était en 1880 l'objet d'une nouvelle répartition, le traitement des médecins titulaires recevait une augmentation à laquelle devait pourvoir seule une extension espérée des libéralités de ceux de nos concitoyens qui s'intéressent à l'Œuvre.

La nomination des médecins doit-elle se faire au concours, ou bien être l'objet d'un choix sur titres par le conseil d'administration ?

Ce second système en vigueur jusqu'à ce jour avait rallié l'opinion de M. le docteur Rodet. Voici, en substance, les considérations par lesquelles il justifiait ce mode de nomination : « L'administration des soins à domicile exige un dévouement particulier qui diffère à certains égards de celui que réclament les soins hospitaliers. Le médecin qui visite le pauvre à domicile est directement en contact avec la famille et la misère du malade. Il lui faut des sentiments de bienveillance et d'urbanité aussi bien qu'un certain tact pour apprécier justement la situation, accorder tout ce qui est nécessaire et réconforter le corps et l'âme de l'indigent en sachant toutefois prévenir les abus. Trop de condescendance serait une faute, trop de roideur ne serait pas moins regrettable. Toutes les individualités ne sont pas également propres à cette tâche, qui exige du tact et de la délicatesse.

L'administration du Dispensaire est fondée à demander à ses médecins toutes ces qualités spéciales outre les garanties du savoir. »

M. le docteur Rodet en concluait que le choix des médecins par le conseil d'administration peut mieux que le concours lui assurer un personnel médical répondant aux besoins de l'Œuvre.

Néanmoins si ce système a été heureusement appliqué jusqu'à ce jour, l'opinion se montre actuellement plus favorable au concours, qui de tout temps a eu ses partisans (1) et est adopté pour le recrutement des médecins du Bureau de bienfaisance. Le règlement concernant les conditions du concours pourrait d'ailleurs indiquer (ainsi que croyait pouvoir le faire M. le docteur Rodet), avec quels sentiments de zèle, de tact et d'impartial et infatigable dévouement, la mission du médecin des indigents à domicile doit être envisagée et remplie. Ceux-là évidemment qui ne se croiraient pas aptes à cette tâche délicate et méritoire resteraient sans doute en dehors des concours.

Le service médical se complète par l'assistance des médecins consultants nommés pour dix ans par le préfet, sur la proposition du Conseil d'administration dont ils font partie.

IX

L'organisation de la pharmacie, sauf quelques améliorations de détail et l'extension du laboratoire en 1876, n'a eu à subir aucune modification depuis bien des années.

(1) Notamment MM. de Polinière et L. Gubian, dans leurs mémoires cités plus haut. Un vœu récent du Comité médical du Dispensaire en faveur des nominations au concours, vient d'être accueilli par le Conseil d'administration.

Un *formulaire* imprimé a été élaboré par le Comité médical dans le double but d'assurer la bonne préparation des remèdes et de satisfaire à de sages conditions d'économie, en écartant autant que possible les spécialités coûteuses qui tendent à faire une part trop restreinte à la pratique de l'art pharmaceutique.

A la tête de l'officine du Dispensaire a été placé pendant vingt ans, jusqu'en 1886, un pharmacien dont l'*expérience professionnelle* n'a jamais été contestée, M. Cheysson. Son zèle assidu, son dévouement à l'Œuvre ont rendu sa perte très regrettable. Son successeur, M. Chevassu, soigneusement choisi par le Conseil sur les propositions du Comité médical, offre toutes les conditions de savoir et d'honorabilité.

Sous la direction du pharmacien se trouvent les auxiliaires qui depuis l'origine de l'Œuvre ont été appelées à concourir au service de la pharmacie. Ce sont des *religieuses* de la congrégation de Saint-Joseph, légalement reconnue. Elles sont au nombre de dix, et elles occupent pour leur logement trois étages de la maison de la rue Poulaillerie, les deux autres étages, outre le rez-de-chaussée, étant affectés au service de la pharmacie, aux salles [d'attente, cabinets de consultations et bureau du receveur, agent général de l'Œuvre.

Dix religieuses! Ce nombre est-il bien nécessaire? et cette catégorie d'auxiliaires n'entraîne-t-elle pas pour l'Œuvre la dangereuse prépondérance d'influences « cléricales »? — Voilà une double objection, bien souvent renouvelée contre le Dispensaire.

Le Conseil d'administration, dans lequel sont représentées, suivant le règlement, toutes les croyances et les opinions, a toujours été d'avis que ce personnel ne devait subir ni transformation ni réduction.

Il faut voir, en effet, de près, quelle est l'affluence quotidienne, quels sont les besoins et les exigences des indigents clients du Dispensaire.

8,000 malades, en moyenne, sont annuellement soignés et ont le droit de se présenter chacun quatre fois par mois aux consultations, ou s'ils sont traités à domicile, d'envoyer autant de fois, et davantage si cela est nécessaire, chercher les médicaments prescrits. C'est donc, par jour, plus de cent personnes affluant dans les bureaux, les salles d'attente et la pharmacie. De huit heures à deux heures, hommes, femmes, jeunes filles, enfants, vieillards, s'y coudoient en rangs pressés. On comprend ce qu'il faut d'ordre, de zèle et de surveillance pour éviter jusqu'aux moindres abus dans cet encombrement, satisfaire à toutes les demandes, inscrire les malades, vérifier les recommandations de souscripteurs qu'ils présentent, recevoir les ordonnances, préparer, délivrer les médicaments, au besoin faire des pansements, etc., et à la fin du jour rétablir les conditions d'ordre matériel, de propreté, d'aération, compromises par une foule trop pressée.

Le Conseil d'administration a toujours eu la conviction qu'aucun personnel d'employés, ni de servantes salariées, ne pourrait, avec autant d'exactitude et de discipline, suffire à ces exigences diverses dont les difficultés semblent disparaître devant la fermeté, la douceur et la patience infatigables des Sœurs. Il n'est pas jusqu'à leur habit qui ne contribue à inspirer le respect, à prévenir les écarts et à maintenir l'observation stricte de toutes les convenances.

Les pansements qui leur sont demandés, les bandes, le linge qu'elles distribuent, les appareils orthopédiques de toute nature qu'elles sont chargées de délivrer, achèvent le concours qu'elles donnent à l'Œuvre dont les services sont complétés par les bains et douches, à la faveur d'une entente avec l'Hôtel-Dieu, et enfin la remise de bons de viande ou de lait pour les convalescents, les femmes, les enfants, suivant les prescriptions des médecins. Les Sœurs ont encore, sous la direction et avec le concours du Pharmacien, à délivrer, dans

un local séparé, des médicaments à des clients ordinaires, *non
indigents*, qui les paient suivant les prix courants. Ce produit,
d'ailleurs peu élevé, contribue à alléger les charges de l'Œuvre
qui atteignent annuellement de 58 à 60,000 francs.

X

Telle est l'organisation du Dispensaire, qui, depuis 1875,
ne reçoit pas d'autres libéralités que celles que lui procure
l'initiative privée. De là la nécessité de provoquer et obtenir
en permanence des souscriptions et des dons indispensables
au fonctionnement et aux développements de l'Œuvre. Il faut
donc tout à la fois faire des appels incessants à la bienfaisance
et réaliser tous les progrès qui, en rendant l'action du Dispensaire plus efficace, le recommanderont à l'attention publique
et multiplieront les sympathies en sa faveur.

La publicité est ici de bon aloi. Le plus grand jour doit
éclairer les efforts de la bienfaisance et les institutions qu'elle
inspire, afin d'en rendre les effets plus sûrs, en les soumettant
à la critique, et de stimuler, par l'exemple, l'amour du pauvre
et les élans de la charité.

Dans ce but d'enseignement et de propagande, ont été
publiés successivement :

1° Un compte rendu moral et financier, présenté le 28 décembre 1880, aux souscripteurs et bienfaiteurs, pour les dix
dernières années écoulées;

2° Un rapport sur le service médical, pendant le même
laps de temps;

3° Un rapport quinquennal comprenant les années 1881 à
1886.

C'est dans ces documents, dans des travaux manuscrits de M. le D' Rodet et des aperçus empruntés à diverses publications, que nous allons puiser les observations qui termineront cette étude.

L'organisation du service médical est le point capital dans une œuvre d'assistance des indigents malades. Nous avons fait connaître comment ce service est réparti entre les médecins titulaires des onze circonscriptions territoriales, et de la douzième récemment créée à titre d'essai.

Il y a là un faisceau d'intelligences et de bonnes volontés, qui, pour être inégales, n'en forment pas moins une force compacte. Nous parlons d'inégalités : la tâche du médecin des pauvres devrait être comprise et remplie dans un même esprit, et avec un même dévouement, par tous ceux qui l'acceptent. Mais il n'en est pas toujours ainsi.

Les uns, pénétrés de son importance et de ses difficultés, y apportent les élans de la conscience la plus scrupuleuse et examinent chaque malade avec autant de soin que ceux de leur clientèle personnelle. D'autres y mettent plus de froideur, plus de hâte, et peut-être de routine.

Sans doute le tableau des supercheries à déjouer, et des abus dont les malades sont coutumiers, a été très souvent tracé, et notamment avec beaucoup de justesse, dans le rapport de M. le docteur Odin, publié en 1881. Toutefois, quand on considère que la clientèle des malades indigents comprend des vieillards, des adultes hommes ou femmes, surtout des femmes, des jeunes filles, des enfants, il est hors de doute qu'une certaine variété dans les situations personnelles et les cas thérapeutiques peut s'offrir au médecin, intéresser à la fois son esprit et son cœur, et exclure de sa part des procédés d'investigation, de sévérité ou de traitements trop uniformes. Au surplus, bien que les plaintes ou la reconnaissance des malades doivent être également suspectes (car ceux qui se plaignent ont souvent des exigences inadmissibles, et ceux qui louent laissent parfois supposer qu'ils savent trop obtenir de la condescendance du médecin), il est facile de se convaincre que le traitement des malades indigents est très inégalement compris.

Les uns, nous aimons à le rappeler, y apportent autant d'intelligence que de délicatesse et savent tenir une égale balance entre les sollicitations du malade, ses besoins véritables et les intérêts de l'Œuvre. D'autres peut-être ne se défendent pas assez contre la double tentation d'abréger l'examen des malades consultants en renouvelant trop uniformément les médications précédentes, ou en les renvoyant trop aisément satisfaits par un luxe de médications inoffensives.

Pour obtenir plus de vues d'ensemble, plus d'uniformité dans les soins, il serait à désirer que le Comité médical du Dispensaire se montrât fidèle au règlement qui lui prescrit des réunions mensuelles et des rapports annuels circonstanciés.

On est loin de cette époque, rappelée plus haut, où le Comité médical se donnait la tâche de publier des tableaux qui classaient les maladies par âges, par sexes, par professions et par habitation, suivant les divers quartiers de la ville, avec les résultats des traitements, c'est-à-dire le nombre des malades guéris, soulagés, entrés à l'hôpital, décédés ou restant en traitement.

Nous accordons qu'aujourd'hui les nombreuses sociétés scientifiques qui existent à Lyon absorbent le corps médical et enlèvent aux réunions des médecins titulaires et consultants du Dispensaire l'intérêt qu'elles offraient jadis. Toutefois, sans invoquer exclusivement le règlement, deux documents nous autorisent pleinement à croire qu'il est nécessaire que le Comité médical du Dispensaire ait des réunions sinon mensuelles, au moins assez fréquentes, pour faire l'étude incessante de tout ce qui peut favoriser l'extension de l'Œuvre.

C'est d'abord l'exemple de la réorganisation du service
médical du Bureau de bienfaisance, calquée sur la constitution
du Dispensaire (1), et où l'on a imposé aux médecins titulaires
et consultants de l'assistance publique municipale à domicile
l'obligation de se réunir mensuellement pour étudier et
adresser à la Commission administrative les observations
utiles au service, et à la fin de chaque année un rapport « sur
le traitement des malades à domicile, avec des tableaux statistiques dressés par arrondissements et indiquant notamment
le nombre des malades traités, la nature des maladies, le
nombre des visites et des consultations, et les résultats du
traitement (2). »

Ce sont aussi les deux rapports de M. le docteur Odin,
secrétaire du Comité médical du Dispensaire, qui en 1881
et 1886, provoqués par le Président, révèlent combien des
réunions régulières de MM. les médecins pourraient être
profitables à l'Œuvre et même à la science.

Nous voyons en effet dans le dernier de ces documents que
le Comité médical du Dispensaire a été l'une des premières
réunions savantes où ait été discutée la question des virus, et
que M. le docteur Cognard fils, qui a été aussi l'un des premiers à entrer dans la voie de l'expérimentation, a communi-
qué à ses confrères sur ce sujet des observations d'un haut
intérêt.

Le traitement des pauvres nous a toujours paru susceptible
d'apporter de précieux éléments à l'étude de l'hygiène dans
les grandes villes, et il doit permettre de résoudre bien des
questions d'une haute importance médicale, notamment en
ce qui touche l'influence des professions et des habitudes qui

____

(1) *Le Dispensaire général de Lyon, de 1881 à 1886.* — Lyon, 1886,
Mougin-Rusand, imprim. — Extrait du Rapport du docteur Odin, p. 7.
(2) Règlement du service médical et pharmaceutique du Bureau de
bienfaisance, art. 15 et 16.

en dérivent sur l'état des malades indigents (1). N'appartient-il pas plus particulièrement aux médecins de l'assistance à domicile, publique ou privée, d'aborder de pareils problèmes, dont l'intérêt est tout à la fois médical, moral et économique (2).

XI

L'étude du développement que peut recevoir l'assistance *des malades indigents serait incomplète si on passait sous* silence les institutions qui ont été créées dans ce but depuis quelques années hors de notre ville.

(1) La mort a interrompu les intéressantes études que le docteur Chatin, il y a quelques années, avait commencées en ce sens dans le *Lyon Médical.*

C'est le même ordre de préoccupations qui a inspiré à la Société protectrice de l'enfance de Lyon l'idée de mettre au concours, en 1885, la question suivante : « Étudier l'influence de la profession maternelle sur la *fécondité des femmes, la marche de la grossesse, la vitalité et la santé des* enfants. » Malheureusement aucun mémoire suffisant n'a répondu à l'attente des promoteurs du concours.

(2) Nous citons plus loin un rapport dans lequel M. le docteur Foville, inspecteur des services administratifs, insiste sur la nécessité des statistiques médicales, qui permettent d'apprécier dans les institutions de bienfaisance la nature des maladies, la situation des indigents, les suites du traitement, etc., etc.

Au moment de publier la présente étude nous recevons communication d'un document qu'il nous semble opportun de signaler. Un des honorables médecins du Dispensaire général de Lyon, M. le docteur Perrin, arrivé au terme de ses fonctions, vient, sur l'invitation du Président de l'Œuvre, d'adresser au Conseil d'administration un rapport remarquable, où sont résumées les observations qu'il a recueillies pendant son service.

De ce document important nous ne signalerons que quelques traits. La circonscription médicale dans laquelle M. le docteur Perrin a, pendant dix années, donné des soins aux malades indigents, comprend les quar-

Le mouvement s'est surtout produit en faveur des enfants malades. M. le docteur Foville, inspecteur général des services administratifs, a présenté sur les dispensaires créés pour les enfants et aussi pour les adultes une communication à l'Académie de médecine, et successivement deux rapports au ministre de l'intérieur (1) dont l'importance est considérable.

Son attention s'est d'abord portée sur la fondation due au Havre à l'initiative du docteur Gibert. Cette œuvre est absolument originale, elle n'a d'autre clientèle que celle des enfants et elle est organisée de manière à permettre de leur administrer immédiatement après la consultation non seulement les remèdes prescrits, mais encore les différents moyens actifs dont se compose le traitement, tels que bains, hydrothérapie, électricité, massages, douches de vapeur générales ou locales, etc. Elle est pourvue d'un arsenal qui permet de pratiquer les opérations jugées nécessaires; enfin, comme la

tiers de Vaise, Pierre-Scize, Saint-Paul et une partie du quartier Saint-Jean. La diversité des professions exercées dans ces quartiers et leurs conditions topographiques qui offrent tant de contrastes entre les grandes usines et les chantiers de Vaise, les habitations échelonnées au nord le long du quai Pierre-Scize et les rues étroites, mal éclairées, avec des substructions humides et des maisons de cinq à six étages, au pied de la colline, dans le voisinage des rues Lainerie, Juiverie, du Bœuf, etc., expliquent la variété d'affections très caractéristiques que M. le docteur Perrin a eu à soigner. Des rapports comme le sien, successivement dressés par tous les médecins de l'assistance médicale à domicile, présenteraient un ensemble de documents précieux sur l'hygiène dans notre ville.

(1) Le premier rapport de M. le docteur Foville, concernant le Dispensaire, créé au Havre par M. le docteur Gibert, est du 22 novembre 1880; il a été publié dans le *Journal officiel* du 7 février 1881.

Ensuite de ce rapport, le ministre de l'intérieur a envoyé aux préfets, le 25 janvier 1881, une circulaire destinée à faire connaître ce nouveau mode d'assistance. (V. le *Journal officiel* du 31 janvier 1881.)

La communication à l'Académie de médecine, séance du 21 avril 1885, est analysée dans le *Journal officiel* du 16 mai 1885.

Enfin M. le docteur Foville, ayant étudié sur place sept institutions analogues, leur a consacré un rapport étendu, publié dans le *Journal officiel* des 26, 29, 31 juillet, 6, 8, 12 et 14 août 1886.

plupart de ces enfants sont faibles, chétifs, lymphatiques ou anémiques, et qu'ils ne trouvent pas chez leurs parents une alimentation suffisante, le docteur Gibert a annexé à son Dispensaire un service en vue de fournir à ces enfants des repas appropriés à leur âge et à leurs besoins.

Les maladies traitées dans ce Dispensaire ne sont pas de simples indispositions comme on serait tenté de le croire, les états annuels donnent l'énumération des affections nombreuses qui ont été soignées. Nous prenons dans le tableau d'une des dernières années, à titre d'exemple, les indications suivantes : 360 maladies de l'appareil thoracique, 221 de la cavité abdominale, 180 diarrhées infantiles, 228 maladies de la peau, 44 maladies syphilitiques, 35 maladies du tissu osseux, 29 des articulations, 99 des yeux, etc. Le nombre des enfants soignés pendant la dernière année a été d'environ 1,600, sur lesquels 19 décès, et celui des moyens d'action médicatrice employés, d'environ 1,100. Le traitement de chaque enfant était revenu au prix de 5 fr. 51 c., chaque journée de traitement en moyenne à 22 centimes; tandis que dans un hôpital le montant de la dépense par jour et par malade aurait été de 2 fr. à 2 fr. 50 c.

En présence de ces résultats et ensuite d'une circulaire adressée aux préfets, par le ministre de l'intérieur, pour les inviter à vulgariser les bienfaits de cette Œuvre, sept dispensaires pour enfants malades ont été créés en France à l'imitation de celui du docteur Gibert; nous en voyons de plus un à Genève, un à Mulhouse et un à Rio de Janeiro.

Sur les sept dispensaires français, quatre existent en province, et trois à Paris. Le plus ancien de ceux-ci, situé rue Jean-Lantier, placé sous la direction de M. le docteur Dubrisay, fonctionne depuis le 1er avril 1883; dès la première année le nombre des visites a été d'environ 5,000, et la dépense de 1,648 fr. 65 c., soit d'environ 32 cent. par jour (1).

Le second, situé rue de Crimée, a été fondé le 15 mai 1883 par la Société philanthropique créée à Paris en 1780 et reconnue comme établissement d'utilité publique en 1839. M. le docteur Lannelongue y est attaché comme chirurgien, M. le docteur Comby comme médecin; trois pharmaciens fournissent les médicaments; les sœurs du calvaire de Gannat sont chargées de la direction intérieure.

Dès la première année, le Dispensaire a traité 3,141 enfants et le total des actions médicatrices a dépassé 3,000; la dépense correspondante a été de 6,193 fr. 56 c. (2).

Dans ses rapports annuels, M. le docteur Comby insiste sur la prédominance des malades de nature scrofuleuse et rachitique, c'est-à-dire des produits — selon ses expressions — « de la misère combinée avec les vices héréditaires ». Or, comme le fait observer M. le docteur Foville, « ces maladies, le plus souvent, compromettent gravement l'avenir des enfants, et cependant elles ne motivent que très rarement leur admission dans les hôpitaux; d'où l'assistance du Dispensaire a d'autant plus d'importance pratique qu'elle est la seule dont puisse profiter la clientèle qui les fréquente ».

Le troisième Dispensaire de Paris, ouvert le 12 juillet 1884, est celui que Mme Furtado-Heine a institué avec une dotation de 100,000 fr. de rente; « encore, comme le fait remarquer M. Maxime du Camp (*Revue des Deux Mondes* du 15 septembre 1887), y existe-t-il quelque part un tiroir qui, suivant l'expression de certaine chanson, n'est jamais ni vide ni plein, où elle dépose des sommes d'argent sans cesse renouvelées,

(1) *Officiel* du 16 mai 1885 (séance de l'Académie de médecine), compte rendu par M. le docteur Martin et rapport de M. le docteur Foville cité plus haut.

(2) *Officiel* du 31 juillet 1886, rapport par M. le docteur Foville.

et qui servent à aider, pendant les heures de chômage ou de difficultés pressantes, les familles des enfants malades ». Ceux-ci ont à leur disposition cinq médecins : le docteur Charles Leroux, pour la thérapeutique *générale*; le docteur P. Redan, pour la chirurgie; le docteur Édouard Mayer, pour l'ophtalmologie; le docteur Menière, pour les maladies des oreilles; et le docteur A. Chauveau, pour les maladies de la bouche, du larynx, du nez.

Comme on le voit, on y a multiplié les *traitements* spéciaux suivant les tendances dans lesquelles s'engage de plus en plus la médecine dans les grands centres. Pendant l'exercice 1886, le docteur Ed. Meyer est venu 102 fois à son cabinet du Dispensaire et a examiné 7,185 malades atteints d'affections ophtalmiques; c'est une moyenne de 70 par consultation. Les soins donnés aux maladies du larynx ne semblent pas avoir été moindres.

Les quatre Dispensaires créés en province sur des bases analogues sont les suivants, d'après la date de leur ouverture :

Dispensaire de Clermont-Ferrand, 1er mars 1882;

Dispensaire Martainville, à Rouen, 6 août 1883;

Dispensaire de l'Hôtel-de-Ville, à Rouen, 6 août 1883 :

Dispensaire Dolfus, au Havre, 6 janvier 1884.

Celui de Clermont est dû à l'action combinée de la ville et des hospices. L'Hôtel-Dieu a fourni le local et assure le service, la ville lui en rembourse la dépense. Trois médecins y sont attachés, aidés d'un interne et de sœurs infirmières. Le nombre des enfants traités (du 1er mars 1882 à la fin de 1885) étant évalué à 600, le traitement de chacun est revenu en moyenne à 6 fr. 66 c. par an. D'un tableau nosographique dressé par M. le docteur Foville, il résulte que ces 600 enfants n'auraient reçu aucun soin dans les services hospitaliers et seraient demeurés sans secours, à défaut de la création du Dispensaire. On peut ainsi apprécier le bienfait procuré à la population indigente de la ville. (*Officiel* des 26 et 29 juillet 1886).

Les deux Dispensaires de Martainville et de l'Hôtel-de-ville (c'est ainsi qu'on les désigne dans la pratique), ouverts à Rouen le 6 août 1883, sont une première création sur cinq Dispensaires projetés. Le service y est fait par cinq médecins, un pharmacien et des internes en médecine et en pharmacie. Les sœurs de Saint-Vincent-de-Paul et une société de dames y apportent aussi leur concours. L'organisation est assez compliquée et le nombre des malades va croissant. Les consultations, ouvertes d'abord aux enfants, se sont multipliées et ont été étendues aux femmes et aux hommes. Les bienfaits qui en résultent sont tellement appréciés, que la Commission administrative du Bureau de bienfaisance prépare l'ouverture d'un troisième Dispensaire. Les détails du fonctionnement des deux premiers sont nettement indiqués par M. le docteur Foville (*Officiel* des 6 et 8 août 1886).

Enfin, le Dispensaire Dolfus, au Havre, dû à la bienfaisance de Mme veuve Dolfus, a procuré spécialement à un quartier populeux de la ville (le quartier de Greville) les avantages offerts sur d'autres points par le Dispensaire du docteur Gibert pour les enfants malades, mais il est ouvert aussi aux adultes des deux sexes, et il leur assure tous les moyens thérapeutiques, médicaments, pansements, électrisations, douches, bains simples et médicamenteux, hydrothérapie, etc. (*Officiel* du 8 août 1886).

Nous ne pouvons, à moins de reproduire le rapport même de M. le docteur Foville, entrer dans de plus amples détails. Son travail comporte une notice sur chacun des Dispensaires, dans laquelle il étudie leur fondation, la disposition des locaux, l'organisation du personnel, le mode de fonctionnement, la statistique médicale, la situation financière.

La seconde partie de son rapport est une revue d'ensemble

dans laquelle il déduit les conséquences pratiques des faits précédemment exposés.

Nous n'en reproduirons que les traits généraux les plus caractéristiques :

1° *Au point de vue des ressources.* — Les trois Dispensaires Gibert, du Havre, Furtado-Heine, et celui de la rue de Crimée, à Paris, sont les seuls dont la création et l'entretien soient à la charge exclusive de l'initiative privée.

M. le docteur Gibert reçoit de bienfaiteurs volontaires des souscriptions annuelles qui couvrent les dépenses d'entretien et qui lui ont permis d'amortir, provisoirement, les frais de premier établissement.

Mme Furtado-Heine, après avoir consacré environ un million à fonder un Dispensaire, qui est sans rival, a pourvu d'abord au budget annuel, qui s'élève à 60,000 fr., et lui a en dernier lieu assuré, ainsi que nous l'avons dit plus haut, une dotation annuelle de 100,000 fr. Ce sont là des actes d'extraordinaire munificence, que l'on ne peut proposer d'une manière pratique à l'imitation.

Le Dispensaire de la rue de Crimée a été fondé et est entretenu entièrement par la Société philanthropique, qui se propose d'en organiser un autre dans sa maison de la rue Labat.

Celui de la rue Jean-Lantier a été créé à l'aide d'une somme fournie par la Caisse des écoles libres, et il est entretenu par des souscriptions particulières, mais il occupe un local appartenant à la ville de Paris.

Celui de Clermont-Ferrand, créé et entretenu aux frais de la ville, doit à l'Administration des hospices le local où il est installé, son personnel et ses installations balnéaires et hydrothérapiques.

Les deux Dispensaires de Rouen, fondés par la ville, une fois organisés, ont été remis par elle au Bureau de bienfaisance, qui les administre et pourvoit à leur entretien.

Enfin, le Dispensaire Dolfus, au Havre, construit par la municipalité sur un terrain appartenant à la ville, mais à l'aide de fonds donnés par une personne charitable pour son entretien annuel, reste entièrement à la charge de la ville;

2° *Quant aux locaux*, M. le docteur Foville n'attache pas à leur destination spéciale une importance capitale.

Parmi les Dispensaires existants, trois occupent des immeubles construits en vue de leur destination.

Celui de Mme Furtado-Heine a, parmi les institutions de ce genre, une place à part, puisque tout y a été créé avec une perfection de détails et une magnificence que l'on peut appeler idéale.

Le Dispensaire Martainville, à Rouen, a exigé pour sa construction et son aménagement une somme de 90,000 fr., que M. le docteur Foville considère comme exagérée; celui de Mme veuve Dolfus, au Havre, n'a nécessité que 40,000 fr. pour son aménagement complet; qui, bien que plus modeste que celui de Martainville, ne manque d'aucun organe essentiel à un bon fonctionnement.

Pour les cinq autres Dispensaires (Gibert au Havre, ceux des rues Jean-Lantier et de Crimée à Paris, celui de Clermont-Ferrand, et celui dit de l'Hôtel-de-Ville à Rouen), des locaux préexistants ont été utilisés. On a constaté que si le service y est moins commode et les programmes théoriques moins correctement organisés, les soins ont pu y être tout aussi efficaces.

3° *Le personnel et les moyens de fonctionnement*, aux yeux de M. le docteur Foville, l'emportent sur la question du local.

Le nombre des médecins est nécessairement variable, aussi bien que leur rémunération.

Le Dispensaire de Mme Furtado-Heine, nous l'avons dit, comprend cinq services spéciaux, dans lesquels chaque médecin a un auxiliaire médical remplissant les fonctions d'interne.

M. le docteur Foville remarque qu'une telle organisation, possible à Paris et grâce à des ressources exceptionnelles, ne saurait être proposée comme un exemple d'une rigueur absolue. En faire une nécessité serait décourager les dévouements les plus louables.

D'ailleurs en province, ajoute-t-il, sauf de rares exceptions, les docteurs en médecine ont l'habitude de soigner, dans leur clientèle privée, les affections de toute sorte.

La *spécialisation des soins* admise au Dispensaire Furtado n'est donc à imiter que là où elle serait aisément réalisable.

Mais le concours d'un personnel féminin comprenant des surveillantes ou directrices, alors qu'il s'agit de soins à donner à des enfants, est absolument indispensable, soit qu'on le demande à des congréganistes comme à Clermont-Ferrand, à l'établissement de l'Hôtel-de-Ville à Rouen, et à celui de la rue de Crimée à Paris, ou à des auxiliaires laïques comme dans les autres Dispensaires.

D'autres agents d'un caractère subalterne sont encore nécessaires suivant l'importance et la multiplicité des moyens de médication.

4° *Le matériel de traitement et la thérapeutique alimentaire* jouent aussi un rôle important, mais variable, « le propre des dispensaires étant de faire ce qu'on pourrait appeler de la thérapeutique en action et d'exécuter, séance tenante, tout ce qui est nécessaire pour le traitement... »

M. le docteur Foville, pour assurer, en allégeant le budget ordinaire des établissements, les moyens d'alimentation qu'il considère comme étant, dans la plupart des cas, le complément indispensable du traitement, indique l'opportunité de provoquer de la part des souscripteurs des subventions spécialement destinées à cet effet.

Remarquons en passant que cette habitude a été suivie au Dispensaire général de Lyon, mais retenons aussi ce fait, qu'à Rouen, la sollicitude de dames charitables fournit une allocation journalière de lait aux deux Dispensaires;

5° Enfin, *la statistique médicale* s'impose, comme une obligation de premier, ordre car « dans tout service d'assistance, privée ou publique, une des conditions les plus essentielles de bonne administration est de se rendre compte des moyens employés et des résultats obtenus ».

M. le docteur Foville recommande « la méthode des fiches individuelles, portant mention de toutes les visites successives, de la nature de la maladie, du traitement prescrit et de la marche de l'affection ». C'est le procédé qui fut longtemps en usage au Dispensaire général de Lyon, et dont nous réclamons le rétablissement, à moins qu'on n'y substitue un moyen d'enquête similaire.

M. le docteur Foville, termine son remarquable travail par l'énumération de tous les avantages qu'offre l'organisation des dispensaires au point de vue du soulagement des malades, du bien-être de leurs familles, et de leurs heureux résultats sur l'hygiène publique et la population en général.

On conçoit que de telles Œuvres aient rencontré des admirateurs et de fervents propagateurs en dehors du monde médical et parmi les publicites les plus autorisés (1).

Nous restons néanmoins surpris que la circulaire ministérielle, qui appelait l'attention des préfets sur ces utiles institutions (2), les invitant à les recommander dans chaque

---

(1) Voyez notamment une étude de M. Maxime du Camp dans la *Revue des Deux Mondes*, 15 septembre 1887, et un article de M. Hugues le Roux, dans le journal le *Temps,* du 27 août 1887, etc. etc.

(2) Voy. le *Journal officiel* du 31 janvier 1881.

département à l'examen des personnes compétentes, n'ait pas
abouti à un plus grand nombre de créations. Nous croyons
avec M. le docteur Foville qu'une nouvelle publicité pourrait
leur être très opportunément donnée par les soins des administrations départementales; mais c'est surtout à la Presse en
général, aux publicistes de toute nuance qu'il appartiendrait
de divulguer, d'encourager les moyens d'assurer si efficace·
ment le soulagement des classes indigentes.

XII

Quels enseignements avons-nous maintenant à tirer pour
notre ville de l'examen de ces Œuvres diverses et des consta-
tations de M. le docteur Foville ?

Nous nous expliquerons peut-être plus tard sur le rôle de
l'assistance municipale par le Bureau de bienfaisance, mais,
pour le moment, nous sommes en présence de l'initiative
privée, qui seule fait vivre aujourd'hui le Dispensaire général
de Lyon, et qui a si bien réussi à Paris et en France ; quelles
réformes ou quels compléments d'organisation charitable
pouvons-nous en espérer ?

Nous sommes tout d'abord frappés de l'efficacité des
secours assurée par la spécialisation, qui, si elle est interdite
à de petites villes, est bien plus réalisable dans de grands
centres : spécialisation quant aux catégories d'individus secourus, spécialisation quant au traitement des affections des
divers organes.

Il est évidemment des cas dans lesquels elle s'impose vis-
à-vis des individus, Il va de soi que les soins à donner aux
enfants et aux femmes sont d'un ordre absolument différent.

Médecine infantile, gynécologie, voilà deux branches de l'art de guérir que tout médecin doit sans doute connaître, et qu'il devra nécessairement mettre en pratique dans sa clientèle ordinaire, si les deux catégories de sujets réclament simultanément des soins, mais dont l'application distincte gagne en efficacité, en vertu de la loi naturelle de la division du travail, dès que la clientèle est assez nombreuse pour pouvoir diviser et occuper l'activité de médecins spécialistes.

Donc dans un grand centre, et en supposant que les ressources le permettent, on conçoit très bien des institutions de bienfaisance distinctes pour les enfants et pour les femmes. On voit que M. Fovill voudrait partout la création de dispensaires spéciaux pou les enfants.

La spécialisation, quant aux affections des divers organes, n'est pas moins justifiée par la raison et par l'expérience. C'est ainsi que le Dispensaire de Mme Furtado-Heine comprend à côté de la thérapeutique générale le concours de médecins distincts pour les cas et affections absolument disparates : chirurgie, ophtalmologie, maladies des oreilles, du larynx, de la bouche, etc. Ce n'est pas seulement l'expérience personnelle du médecin dans un ordre particulier de médication qui explique la préférence à donner à des traitements spéciaux : elle se justifie par le perfectionnement de chaque outillage et la dextérité toute personnelle que le médecin acquiert dans leur application quotidienne. Que doivent donc faire les œuvres d'assistance médicale à domicile en province? Suivre, dans la mesure du possible, les exemples donnés soit en France, soit à l'étranger, c'est-à-dire créer des dispensaires s péciaux quand cela est possible, ou, dans le cas contraire, réunir dans un dispensaire général des spécialités variées de traitement. Quelles solutions sont possibles dans notre ville?

1° En ce qui concerne les enfants :

Les dispensaires spéciaux pour les enfants institués

comme celui du Havre et ceux de Paris, de Rouen, etc., ont été l'objet d'une étude du docteur Rodet, adressée au Dispensaire général de Lyon. Mais ce travail que nous avons sous les yeux, très affirmatif et très autorisé dans ses *desiderata*, est très peu concluant quant aux voies et moyens. Son auteur exprime le désir qu'à défaut de libéralités individuelles permettant à l'initiative privée d'agir, les administrations municipales et hospitalières se concertent pour assurer en dehors des hôpitaux, à l'aide de polycliniques bien dotées et pourvues d'actions *médicatrices* variées, les soins nécessaires à l'enfance indigente.

La formule est un peu vague, elle suppose que l'initiative privée resterait insensible à de nouvelles et plus émouvantes sollicitations. Le problème subsiste donc. Ce ne serait pas trop des recherches combinées de nos deux Sociétés médicales, de la Société protectrice de l'Enfance et peut-être d'autres œuvres charitables pour en poursuivre la solution.

En attendant qu'il en soit ainsi, le Dispensaire général, qui chaque jour voit affluer dans ses salles de consultations des mères apportant leurs enfants malades, ne peut que recourir à son Comité médical pour obtenir l'indication des moyens propres à donner une plus ample satisfaction aux besoins des familles.

Qu'un programme de thérapeutique pour l'enfance soit nettement formulé, et, suivant l'une des recommandations de M. le docteur Foville, des subventions spéciales pourront, avec précision, être demandées à la bienfaisance privée en faveur des enfants malades.

2° En ce qui concerne les femmes indigentes :

Vis-à-vis cette catégorie de malades qui de jour en jour forment, comme nous l'avons indiqué plus haut, la majeure partie de la clientèle du Dispensaire général, il y aurait peut-être plus encore d'innovations à rechercher et à mettre immédiatement en pratique. Plusieurs médecins du Dispensaire nous l'ont d'ailleurs déclaré. Les moyens thérapeutiques pour les femmes laissent à désirer. Le Conseil d'administration n'hésiterait vraisemblablement pas à faire les sacrifices qui répondraient aux exigences d'un traitement obstétrical complet (1).

Mais c'est aussi sur le service des accouchements que nous croyons utile de provoquer des améliorations.

A une époque déjà ancienne, un ou plusieurs médecins accoucheurs avaient été attachés à l'Œuvre du Dispensaire. En ce temps, de 1858 à 1865, la moyenne des accouchements était de 72 par an (chiffre déjà trop minime, eu égard au nombre des familles indigentes). Il est aujourd'hui annuellement inférieur à 20. D'où vient que dans notre population, qui s'est accrue de 25,000 âmes depuis le dernier recensement, et s'élève actuellement à 401,930 habitants (2), il n'y ait que 15 à 20 femmes indigentes qui recourent au Dispensaire au moment de leurs couches? La réponse est facile : n'est-elle pas dans le fait suivant? A une date déjà ancienne, les médecins du Dispensaire estimèrent qu'il n'y avait plus lieu de confier le soin des accouchements à des praticiens spéciaux auxquels un titre particulier pouvait créer une certaine faveur, en les indiquant plus directement à l'attention publique. Les accouchements, considérés comme restant dans l'exercice habituel de la profession médicale, furent donc revendiqués

(1) Les libéralités d'un ancien administrateur des hôpitaux, qui nous permettra de ne pas taire son nom, M. Magloire Martin, ont permis de créer rue du Doyenné, chez les sœurs de Saint-Vincent-de-Paul, un Dispensaire spécial et une infirmerie pour les femmes indigentes des paroisses Saint-Jean et Saint-Georges. Deux consultations par semaine sont ouvertes pour les malades qui peuvent s'y rendre et dix lits sont établis pour celles à qui des soins prolongés ou des opérations sont nécessaires. M. le docteur Rendu est chargé de ce service. Avons-nous besoin de dire combien l'annexe d'un service semblable au Dispensaire général rendrait de service aux malades indigentes ?

(2) *Journal officiel* du 6 janvier 1886.

par tous les médecins titulaires, mais dans la pratique ils se déchargent de ce soin. En dehors de circonstances exceptionnelles, des sages-femmes en sont chargées, moyennant une rémunération modérée. Il en résulte que ce qui jadis était une tâche de dévouement, recherchée ou acceptée par les praticiens spéciaux, est devenu un service presque abandonné aux accoucheuses. Nous admettons qu'avec leur concours, lorsqu'aucune complication ne se présente, la sécurité ne soit pas moindre. Toujours est-il que cet abandon à un personnel inférieur des soins nécessaires aux femmes en couches, peut expliquer la diminution de l'assistance réclamée par elles.

Peut-on cependant contester qu'il n'y ait une haute utilité à secourir au moment douloureux les femmes indigentes dans leur domicile, tant pour elles-mêmes que dans l'intérêt de l'allaitement maternel, et pour la direction des soins à donner aux nouveaux-nés? Nous n'en voulons pour preuve que les pages émues écrites sur ce sujet par le secrétaire même du Comité médical du Dispensaire, M. le docteur Odin, dans son rapport décennal de 1881.

Après avoir indiqué la statistique des décès dans les différentes maternités de Lyon, de 1869 à 1880, et tenu compte des progrès de l'hygiène hospitalière, qui, notamment dans l'hospice de la Charité, a diminué de moitié la mortalité, il conclut néanmoins en ces termes :

« Si ces maternités sont plus saines, elles n'en sont pas plus attrayantes et elles sont, au point de vue moral, bien inférieures à l'assistance à domicile, surtout lorsqu'elles s'adressent exclusivement à des femmes mariées. Quelle perspective, pour une jeune femme d'être livrée à des mains étrangères, quelque dévouées qu'elles puissent être, et d'être séparée de son mari, de sa mère, et de toutes les personnes qu'elle aime et dont la présence est à ce moment si précieuse et si consolante ! Que de dévouements, près d'un lit de douleurs, n'ont pas fait naître dans le cœur du père les souffrances de la mère et le premier cri de l'enfant! Dans l'accouchement à l'hôpital, rien de tout cela; tout est froid : inquiétude du côté du mari, solitude du côté de la mère, qui sent qu'elle peut mourir peut-être sans revoir celui qu'elle aime et ses enfants, si elle en a déjà. Aussi quelle répugnance chez la femme pour aller faire ses couches à l'hôpital !

« ... Développez donc l'assistance à domicile des femmes en couches... donnez aux femmes en couches tant de facilités pour se procurer l'assistance à domicile qu'aucune ne songe à recourir à l'assistance hospitalière. Puissent mes vœux devenir bientôt une réalité, et je suis convaincu que vous verrez diminuer encore la mortalité des femmes en couches et que vous aurez fait beaucoup pour la moralisation de la famille. »

Nous n'avons pas à nous demander ici pourquoi ces éloquentes paroles sont demeurées sans écho. Toutefois le Comité médical du Dispensaire n'aura-t-il pas à leur donner une suite? n'a-t-il pas été saisi de propositions qui lui ont été officiellement transmises par la Société de médecine de Lyon?

Personne n'ignore dans le monde médical lyonnais que dans sa séance du 31 mai 1886, ensuite du rapport d'une commission composée de MM. Bouchacourt, Diday, Gayet, Marduel, Ollier, Teissier père et Delore, rapporteur, la Société de médecine a adopté le principe de réformes à apporter dans les services obstétricaux et d'accouchement des hôpitaux de Lyon à l'aide de mesures auxquelles le Dispensaire était appelé à prêter son concours.

Les controverses prolongées se sont élevées, il est vrai, dans la presse médicale moins sur le principe même de la proposition que sur les voies et moyens. Auront-elles pour résultat de laisser indéfiniment sans solution les questions qui intéressent tant de familles? Nous ne saurions l'admettre, et sans rien préjuger, nous croyons que le Comité médical du Dispensaire ne se désintéressera pas, dans une expectative sans limite, de la réorganisation sérieuse du service des femmes en couches.

XIII

Quant aux traitements spéciaux qui, en dehors des catégories d'âge et de sexe, peuvent être appliqués à raison des affections propres à divers organes, faut-il en démontrer l'utilité? N'avons-nous pas beaucoup à faire en France pour égaler en ce sens les progrès de l'art médical en pays étranger?

M. le docteur Lannois, professeur agrégé à la Faculté de Lyon, dans ses études sur l'enseignement de la médecine en Allemagne, a constaté à quel degré extrême est développée la spécialisation de l'enseignement et de l'art médical dans toutes les universités d'outre-Rhin et particulièrement à Vienne. Ce que l'on y voit d'accoucheurs, de gynécologistes, de dermatologistes, d'otologistes, d'oculistes et de laryngologistes est extraordinaire, et ce n'est pas seulement l'Allemagne, mais l'Amérique, dont les praticiens s'engagent dans cette voie de l'extrême division des branches de l'art de guérir. M. le docteur Lannois conclut qu'en effet « la spécialisation a de grands avantages, et que l'Allemagne lui doit pour beaucoup sa position scientifique présente, parce qu'il est impossible de songer, à l'heure actuelle, à posséder l'uni-

versalité des connaissances médicales » (1). C'est peut-être ce
qui dans l'organisation du Dispensaire de Mme Furtado-Heine
a inspiré la répartition des soins à donner, en outre de la
thérapeutique générale, entre quatre ou cinq médecins spécialistes.

Sans avoir à formuler un avis personnel sur ce point, nous
nous bornerons à constater que le Dispensaire général de
Lyon, dans le but de remédier plus efficacement à certaines
affections dont la fréquence et l'acuité s'expliquent par des
influences climatériques locales, a, sur un rapport présenté
par M. le docteur Girin, président du Comité médical, créé
en 1885 une clinique spéciale pour les maladies du larynx.

Comme il était nécessaire de constater avec sûreté les résultats de cette innovation, le médecin chargé de ce service,
le docteur Rougier, fut dès le principe invité à en tenir un
registre très exact. Il a pu ainsi fournir à la fin de la première
année, c'est-à-dire au début de 1887, un rapport détaillé comportant le nombre des cartes présentées par les malades, celui
des consultations, le tableau des maladies traitées et le résultat des traitements (2).

Il ne nous appartient pas de décider de l'opportunité d'autres médications spéciales. Les exemples de Paris et ceux de

(1) *Lyon Médical* du 13 février 1887, p. 211 et 213.

M. le docteur Bourland-Lusterbourg, dans son *Mémoire sur l'Assistance
publique à Lyon*, cité plus haut, avait insisté aussi sur le développement
des spécialités en Allemagne où « l'installation des polycliniques spéciales
n'a d'autres limites que celles que leur impose l'insuffisance numérique
des populations. » (V. p. 126 et suiv. et 152.)

(2) Nous y voyons que sur 542 consultations données, 135 cas pathologiques distincts ont été relevés, savoir : phthisie laryngée, 31 ; laryngite
chronique, 24 ; pharyngite granuleuse, 14 ; hypertrophie des amyg-
dales, 14 ; syphilis laryngée, 11 ; otite purulente chronique, 9 ; ozène, 7 ;
angine inflammatoire, 6 ; polypes laryngiens, 3 ; obstructions de la
trompe, 3 ; laryngite aiguë, 2 ; scrofulide du larynx, 2 ; paralysie du
larynx, 2 ; angine herpétique, 2 ; polypes nasopharingiens, 2 ; cancer du
larynx, 1 ; corps étrangers du larynx, 1 ; névrose du larynx, 1.

l'étranger sont à observer en permanence. Il va de soi que plus l'action thérapeutique de l'Œuvre sera perfectionnée et variée, plus elle soulagera de souffrances, et plus elle repondra aux vœux de ses bienfaiteurs (1).

(1) Il est une spécialité d'affections dont il ne convenait pas que le Dispensaire général organisât le traitement à côté de ses services habituels. Les syphilitiques des deux sexes ne devaient avoir aucun point de contact avec les malades ordinaires. Un *Dispensaire spécial* a été fondé pour eux en 1841 par les soins du docteur Munaret. Il est, comme le Dispensaire général, entretenu par des souscriptions particulières ; son but est d'accorder gratuitement les secours de la médecine, de la chirurgie et de la pharmacie aux indigents vénériens. La distribution cellulaire de cet établissement (rue François-Dauphin, 18) permet à chaque malade de se rendre aux consultations et de se retirer sans être vu. Les femmes et les hommes sont reçus à des jours distincts. L'administration se compose de douze membres, le service est fait par un médecin titulaire, M. le docteur Navarre, et par un médecin suppléant. Les remèdes sont fournis gratuitement par les hôpitaux.

Nous devons signaler aussi la création relativement récente du *Dispensaire ophtalmologique* institué en 1877 à Lyon par M. le professeur-docteur Dor (quai de la Charité, 2).

L'institution comporte une polyclinique à laquelle sont admis trois fois par semaine tous les indigents qui s'y présentent et une clinique qui comporte un nombre restreint de lits. L'Œuvre est soutenue par des souscriptions particulières, qui, en y comprenant quelques sommes données par les mairies d'arrondissement, ont formé un total de recettes de 1,550 fr. 40 c. seulement pour la dernière année 1886. C'est peu en comparaison des résultats obtenus, dont nous voyons le témoignage dans les rapports annuels imprimés, adressés aux souscripteurs. Nous constatons que, pendant les dix années qui viennent de s'écouler, 12,645 malades ont été soignés et ont reçu 108,324 consultations gratuites, c'est une moyenne annuelle de 1,265 malades et de 10,832 consultations. — Pour l'année 1886, l'augmentation a été considérable : 1,897 malades ont reçu 16,314 consultations, ce qui donne une augmentation de 633 malades et de 5,482 consultations sur la moyenne de dix ans. Sur ce nombre 193 ont séjourné à la clinique pour y subir diverses opérations.

Le résultat des traitements pour les diverses affections est indiqué dans des tableaux détaillés avec les mentions : très bon, bon, médiocre, nul ; c'est le procédé de statistique médicale si vivement recommandé par M. le docteur Foville dans le rapport que nous avons cité.

M. le docteur Dor rend donc par son Dispensaire spécial de précieux services à la population indigente de notre ville. Il est assisté par un interne.

XIV

Mais il ne dépend pas seulement des médecins et des administrateurs du Dispensaire d'en accroître les bienfaits. Leur extension a pour mesure nécessaire la bonne volonté de nos concitoyens. Estiment-ils que l'Œuvre contribue suffisamment au bien-être moral et matériel de la population indigente, ou qu'elle doive faire mieux et davantage? eux seuls peuvent lui en fournir les moyens.

Son action étant exclusivement due à l'initiative privée, nous ne considérons pas qu'il y ait été dérogé par les allocations exceptionnelles que le Dispensaire a été chargé temporairement par un comité de dames charitables, réuni sous la présidence de Mme Massicault, de distribuer en bons de viande et de charbon, dans des ménages d'ouvriers sans travail (1).

Les administrateurs de l'Œuvre ont pu en effet être considérés comme des dispensateurs, plus éclairés, plus impartiaux, et mieux en situation que d'autres personnes pour répandre dans des moments de crise des secours exceptionnels et temporaires. Ils accepteront toujours une pareille tâche, mais cette action reste en dehors de l'Œuvre habituelle dont les ressources normales s'alimentent par deux voies : celle des cartes de souscripteurs de 30 fr. par an, celle des libéra-

(1) Les sommes qui furent remises au Dispensaire avec cette affectation, s'élevant à 19,240 fr., ont été employées à distribuer des bons de viande et de charbon en 1884, 1885, et dans l'hiver de 1886.

lités consistant en dons manuels, aumônes, dons entre vifs ou testamentaires (1).

Indiquons l'utilité de l'une et de l'autre.

Les cartes ne sont pas seulement une ressource, elles ouvrent la porte à l'indigent malade et lui donnent droit au secours. C'est sur la recommandation des souscripteurs que les malades se présentent. Cette organisation a été discutée. On lui reproche de faire des secours comme un privilège au profit des seuls indigents qui ont quelques amis auprès des souscripteurs, et l'on ajoute que si les souscripteurs, font bon an, mal an, donner l'assistance à 8,000 malades, il est un bien plus grand nombre d'indigents qui en auraient besoin, et ne peuvent l'obtenir faute de savoir à qui s'adresser.

La réponse à ces objections est bien facile :

La nécessité d'une recommandation a un double avantage : elle prévient l'usurpation des secours par de faux indigents, et tend à établir une corrélation entre les dépenses et les ressources de l'Œuvre.

Désire-t-on qu'un plus grand nombre de malades soient secourus ?

(1) En disant que la Commission administrative du Dispensaire général devra toujours accepter la tâche de distribuer, sous sa responsabilité, les secours qui pourraient être mis à sa disposition en vue de détresses exceptionnelles et en dehors de ses ressources ordinaires, nous exprimons notre opinion personnelle.

Nous savons que quelques souscripteurs se sont étonnés que les Administrateurs du Dispensaire aient accepté de distribuer les bons de charbon et de viande dans les familles d'ouvriers sans travail, alors que le but de l'Œuvre est exclusivement l'assistance des malades indigents. Nous répondrons qu'il n'y a rien d'étonnant que les Administrateurs du Dispensaire qui, par leur dévouement habituel aux malheureux et par leurs situations diverses, peuvent contrôler et bien connaître la misère, soient priés de se faire les dispensateurs de ressources résultant de souscriptions publiques ou de fêtes charitables, organisées dans des moments de crises douloureuses. Il nous semble que ce recours exceptionnel aux Administrateurs du Dispensaire est un témoignage honorable pour eux et pour leur Œuvre que l'on envisage avec raison comme le foyer d'une bienfaisance vigilante, éclairée et efficace.

Tous ceux qu'anime ce louable désir n'ont qu'à grossir le nombre des souscripteurs par eux-mêmes, ou par une active propagande dans le cercle de leurs relations.

Oui, sans doute, il est désirable que le nombre des cartes s'étende, et malheureusement plusieurs causes, soit la diminution générale de l'aisance, soit certaines crises financières, l'ont rendu stationnaire, ou même décroissant depuis quelques années. Rappelons qu'en 1869 les cartes de souscriptions atteignaient le chiffre de 1,230 ; qu'elles étaient à 1,154 en 1880, et à 1,073 au 1er janvier 1886.

L'extension du nombre des souscriptions annuelles peut donc seule ouvrir plus largement l'accès de l'Œuvre aux indigents. Est-il un mode de charité plus sûr, plus commode, et même plus attrayant pour ceux que leur penchant naturel ou leur conscience porte à soulager les pauvres ?

Munie de sa carte de souscription, toute personne peut faire soigner les indigents auxquels elle s'intéresse, ou bien remettre sa carte à quelqu'une des nombreuses œuvres de charité privée qui s'occupent de visiter et d'assister les malheureux.

Il en est une, entre plusieurs, qui se recommande plus particulièrement peut-être à l'admiration et à la sympathie, c'est l'Œuvre des Petites-Sœurs de l'Assomption (1), qui a pour but de faire pénétrer dans les demeures les plus abjectes, chez les ménages les plus délaissés, et souvent les plus irréguliers, des gardes-malades bénévoles, dont la vigilance et les soins dépassent en délicatesse et en dévouement tout ce que le malade riche peut le plus exiger de ceux qui l'entourent.

C'est donc, en matière de bienfaisance, faire coup double que de souscrire à une carte du Dispensaire et de la remettre aux Petites-Sœurs de l'Assomption, comme à toutes autres

(1) Son siège est rue Rachais, 41.

œuvres analogues visitant à domicile les pauvres malades (1).

Toutefois, si le Dispensaire général ne consultait que le
strict équilibre de son budget, il pourrait s'effrayer de la cir-
culation d'un trop grand nombre de cartes, puisque chacune
d'elles ne coûtant que 3o fr. au souscripteur, donne droit,
lorsqu'elle est appliquée sans interruption, à des secours dont
la dépense dépasse largement l'annuité de souscription.

C'est ici qu'apparaissent la nécessité et le rôle des libéralités
exceptionnelles. Elles doivent couvrir ce déficit inévitable,
car sans elles l'Œuvre marcherait à sa ruine. Mais il faut
encore en attendre un plus ample résultat. Les libéralités
(dons, aumônes, legs) peuvent seules accroître le patrimoine du
Dispensaire, élargir son action bienfaisante et en garantir la
perpétuité.

Est-ce trop augurer de la bienfaisance de nos concitoyens
que d'attendre d'eux non pas des fondations d'une munificence
égale à celle du Dispensaire Furtado, mais des secours ou
exceptionnels ou soutenus, soit pour les besoins généraux de

(1) Dans son discours que nous avons cité, M. le docteur Teissier insistait sur cette idée que le Dispensaire général est comme un réservoir où
les différentes œuvres de charité peuvent venir puiser les moyens les
meilleurs de soulager les indigents toutes les fois que dans les familles
pauvres quelque membre vient à être éprouvé par des accidents ou des
maladies.

Ce n'est que justice aussi de citer parmi les institutions de bienfaisance
privée qui peuvent utilement emprunter des moyens d'action au Dispensaire général, l'œuvre proprement dite des *Pauvres malades* qui, fort
ancienne dans le diocése, fut reconstituée à Lyon en 1863 avec le concours de la vénérée sœur Callamand, rue du Doyenné. Des dames charitables se sont réparti le soin de visiter les malades pauvres dans dix paroisses de la ville. Le dernier compte rendu nous montre que, en 1886,
5,852 malades ont été visités et ont reçu des secours de diverse nature
dont la dépense a atteint le chiffre de 22,372 fr. 40 c. Le nécrologe des
bienfaitrices des pauvres malades relate un nom sympathique à plusieurs
membres de l'ancien barreau lyonnais, celui de Mᵐᵉ du Pasquier, dont le
dévouement aux pauvres ne connaissait pas de limites.

l'assistance des malades à domicile, soit pour la fondation de services particuliers (dispensaires d'enfants, cliniques spéciales, alimentation des convalescents, bons de charbon, bons de lait, etc.).

Donc, étudier et vulgariser l'organisation de la charité, surtout vis-à-vis du malade indigent, c'est faire un acte utile et méritoire, — c'est rendre service tout à la fois aux riches et aux pauvres ; — aux pauvres, dont il importe de mesurer et dévoiler la misère pour pouvoir y adapter le remède le plus direct, le plus méthodique, le plus moralisateur ; aux riches, parce que leur bienfaisance, qui trop souvent s'émiette et s'égare, a besoin d'être guidée et de trouver sous sa main des moyens d'action faciles , répondant aux tendances , aux impressions, aux élans généreux de toutes les consciences.

Or, parmi tant d'œuvres existantes, ferons-nous acte de partialité en disant que la moins discutable et la plus sûre est celle qui, pénétrant dans la famille, respectant ses liens, ses affections, ses dévouements, s'attache à rendre à l'indigent la santé et la force, sources de toute activité, conditions absolues du travail quotidien, sans lequel il ne peut y avoir de bien-être ni pour les corps, ni pour les âmes ?

Lyon, Assoc. typ. — F. PLAN, rue de la Barre, 12.